南　京　不　会　忘　记

NANJING WILL NEVER FORGET

南京出版传媒集团
南京出版社

阿契包德·斯蒂尔
弗兰克·德丁　阿瑟·孟肯
莱利斯·史密斯
查尔斯·麦克丹尼尔

ARCHIBALD TROJAN STEELE
FRANK TILLMAN DURDIN / ARTHUR VON BRIESEN MENKEN
LESLIE C. SMITH / CHARLES YATES MCDANIEL

王立　著

图书在版编目（CIP）数据

阿契包德·斯蒂尔　弗兰克·德丁　阿瑟·孟肯　莱利斯·史密斯　查尔斯·麦克丹尼尔 / 王立著. -- 南京：南京出版社，2016.12

（南京不会忘记）

ISBN 978-7-5533-1616-1

Ⅰ. ①阿…　Ⅱ. ①王…　Ⅲ. ①记者 – 生平事迹 – 美国 – 现代 ②记者 – 生平事迹 – 英国 – 现代　Ⅳ. ①K815.42

中国版本图书馆CIP数据核字（2016）第282861号

丛 书 名：南京不会忘记

书　　名：阿契包德·斯蒂尔　弗兰克·德丁　阿瑟·孟肯　莱利斯·史密斯　查尔斯·麦克丹尼尔

作　　者：王　立

出版发行：南京出版传媒集团
南　京　出　版　社

社址：南京市太平门街53号　　邮编：210016

网址：http://www.njcbs.cn　　电子信箱：njcbs1988@163.com

淘宝网店：http://njpress.taobao.com　　天猫网店：http://njcbcmjtts.tmall.com

联系电话：025-83283893、83283864（营销）　025-83112257（编务）

出 版 人：朱同芳

出 品 人：卢海鸣

责任编辑：董倩雯　凌　霄

装帧设计：朱赢椿　杨杰芳

责任印制：杨福彬

排　　版：南京新华丰制版有限公司

印　　刷：南京玉河印刷厂

开　　本：787毫米 × 1092毫米　1/32

印　　张：4.625

字　　数：72千

版　　次：2016 年12月第 1 版

印　　次：2016 年12月第 1 次印刷

书　　号：ISBN 978-7-5533-1616-1

定　　价：15.00 元

淘宝网店　天猫网店

编委会

总 序　　PREFACE

如果说，一个惨痛的事件近80年来一直被人们铭记，那是因为我们拒绝这样的事件再次发生。1937年12月13日，南京沦陷。日军侵占南京后在短短数周内屠杀放下武器的中国士兵和平民超过30万之众，超过两万名妇女被强奸，无数的公私财物遭到破坏。南京大屠杀成为南京这座城市的痛史，也成为全世界、全人类的一页痛史。

如果说，一些人在时光流逝了近80年后，一直没有被忘怀，那是因为他们在灾难面前表现出悲天悯人的情怀。在南京大屠杀的血雨腥风里，一批国际义士以担当、坚守与抗争诠释了人性的光辉。他们设立国际安全区，竭尽所能保护了20多万难民。

正如金陵女子文理学院美籍教授魏特琳曾在日记中记载："我觉得我在金陵女子文理学院18年的经历，以及与邻居14年的交往经验，使我能够担负起一些责任，这也是我的使命，就像在危险之中，男人们不应弃船而去，女人也不应丢弃她们的孩子一样。"而当时留在南京的美国人乔治·费奇也曾经说过："我生于中国，半生服务又在中国，所以中国已成为我的第二故乡。我在中国服务，也是在为我的祖国服务，同时也是为人类正义与民主和平而服务。"

滴水之恩，当涌泉相报。中国人民没有忘记这些国际义士。2014 年 12 月 13 日，习近平总书记在首次南京大屠杀死难者国家公祭仪式上说：“令人感动的是，在南京大屠杀那些腥风血雨的日子里，我们的同胞守望相助、相互支持，众多国际友人也冒着风险，以各种方式保护南京民众，并记录下日本侵略者的残暴行径。他们中有德国的约翰·拉贝、丹麦的贝恩哈尔·辛德贝格、美国的约翰·马吉等人。对他们的人道精神和无畏义举，中国人民永远不会忘记。”

在第三个南京大屠杀死难者国家公祭日来临之际，侵华日军南京大屠杀遇难同胞纪念馆、南京出版社组织专家编撰出版了“南京不会忘记”丛书。丛书采用第三方人士的独特视角，借助大量的中、美、德等国的原始文献、书信、日记，再现了国际义士们的勇敢和大义。相信此套丛书的出版，不仅仅是单纯讲述历史，更是为了记住在黑暗中的人性光芒，在人间炼狱中的一抹温暖。

让我们铭记：美国人约翰·马吉、乔治·费奇、明妮·魏特琳、米讷·舍尔·贝德士、罗伯特·威尔逊、刘易斯·史迈士、米尔士、特里默、格瑞斯·鲍尔、伊娃·海因兹、麦卡伦、休伯特·索恩、欧内斯特·福斯特、里格斯、约翰·摩尔·阿利森、埃斯皮、麦克法恩、阿契包德·斯蒂尔、弗兰克·德丁、查尔斯·麦克丹尼尔、阿瑟·孟肯，德国人约翰·拉贝、克勒格尔、曹迪希、黑姆佩尔、爱德华·施佩林、卡尔·京特、格奥尔格·罗森、许尔特尔、沙尔芬贝格，丹麦人贝恩哈尔·阿尔普·辛德贝格，英国人莱利斯·史密斯，奥地利人哈茨，白俄人波德希沃洛夫、齐阿尔……

南京不会忘记！

中共江苏省委常委、宣传部部长　王燕文

引 言　FOREWORD

1945 年 8 月 15 日 12 时，日本放送协会（NHK）正式广播了天皇裕仁于子夜宣读并录制的《终战诏书》，宣布接受《波兹坦公告》，标志着日本战败投降。而八年前的 1937 年 8 月 15 日，却是南京城殇的开端。那一天，日本海军航空队从长崎出发，首次越洋空袭当时的中国首都南京。此后的半年里，日军步步进逼，狂轰滥炸、地面总攻、血腥屠杀、强奸轮奸、全城抢劫、纵火破坏……将美丽文明的古城南京，变成了血流成河的人间炼狱。

在日军进攻之前，众多西方人士纷纷撤出南京。但是，有五位勇敢的西方记者，放弃了最后的撤离机会，义无反顾地成为南京城内的战地记者。他们是：美国《芝加哥每日新闻报》记者阿契包德·斯蒂尔（Archibald Trojan Steele），美国《纽约时报》记者弗兰克·德丁（Frank Tillman Durdin），美国派拉蒙新闻电影社记者阿瑟·孟肯（Arthur von Briesen Menken），美联社记者查尔斯·麦克丹尼尔（Charles Yates McDaniel），英国路透社记者莱斯利·史密斯（Leslie C. Smith）。他们将亲身经历与所见所闻报道出来，为世人留下了来自南京一线的消息。

本书介绍了见证南京大屠杀的五位西方记者的事迹。他们以忠于真相、不惧牺牲的敬业精神与道德勇气，向读者传递了日军实施南京大屠杀的讯息。他们的报道，把今天的人们带回当年血火连天的场景，仿佛硝烟不曾远去，历史就在眼前。当年牵动人心的消息与惊心动魄的情节，虽然时过境迁，但仍值得后人一读。

目 录 CONTENTS

阿契包德·斯蒂尔	Archibald Trojan Steele
弗兰克·德丁	Frank Tillman Durdin
阿瑟·孟肯	Arthur von Briesen Menken
莱利斯·史密斯	Leslie C. Smith
查尔斯·麦克丹尼尔	Charles Yates McDanie

阿契包德·斯蒂尔

弗兰克·德丁

阿契包德·斯蒂尔：
让南京大屠杀讯息首次见报

O DAILY NEWS

DECEMBER 15, 1937—THIRTY-SIX PAGES. ★ THREE CENTS

RED STREAK

ASSACRE STORY

THE PRESS

—TIME, December 27, 1937—

Chinese Coverage

Sunday before last *Fox Movietone* Cameraman Eric Mayell and *Universal Newsreel's* Norman Alley, lugging their cumbersome apparatus, struggled down to Nanking's shel nashed Bund and frantically waved at a gunboat which was headed upriver. The Chinese were fleeing Nanking and Mayell and Alley did not plan to remain with a handful of their colleagues to witness the triumphal Japanese entry. The departing gunboat put off a motor sampan, which returned to pick them up. Thankful for their rescue and still a little worried for the safety of their friends they left behind, Mayell and Alley were, a few minutes later, climbing up the side of the U. S. S. *Panay*. . . .

Aboard the Panay, Messrs. Mayell and Alley joined 14 other civilians fleeing upriver, among them six journalists: Weldon James, United Press Nanking chief; G. M. McDonald of the London *Times*; Norman Soong of the New York *Times*; Luigi Barzini and Sandro Sandri, Italian correspondents; ies Marshall, *Collier's* staff writer. Within 24 hours these eight newsmen had ringside seats at what may still become this century's *Maine* affair, when Japanese airplanes and machine guns from launches bombed, strafed and sank the *Panay* 25 miles upriver from Nanking.

No war has ever afforded journalists the downright uncomfortable immediacy of the Chinese-Japanese 1937 conflict. The immediacy is substantiated by the casualty list.

In the *Panay* incident, Jim Marshall was hit in the shoulder, leaped onto a Standard Oil tanker which nosed alongside the gunboat, got ashore with the aid of a U. S. seaman and was taken to Wuhu by friendly Japanese. Less fortunately, Sandro Sandri of the Turin *Stampa* died next day of a horribly painful stomach wound. Other foreign correspondent to die during the hostilities was Pembroke Stephens, crackman from the London *Telegraph*. He was machine-gunned while watching the siege of Shanghai from a water tower in the French Concession. Two New York *Timesmen*, Hallett Abend and Anthony James Billingham, were wounded when the Chinese accidentally bombed the Wing On department store in Shanghai.

Though bloody, the coverage of the Chinese war by U. S. newsmen and photographers has been exceptionally good. Hearst *News of the Day's* H. S. Wong; *Universal's* George Krainukov, MARCH OF TIME's Harrison Forman's bombing pictures of Shanghai were extraordinary, as were the reels taken by Arthur Menken of the announced bombing of Nanking two months ago. Last week reckless Cameraman Menken stayed behind in Nanking to film the Japanese occupation. His films were seized and then returned by Japanese officers. A. T. ("Arch") Steele of the Chicago *Daily News* filed a story on the city's gory fall which was the best piece of reporting that noted correspondent has done in China.

Notable, too, was Norman Soong's cool eyewitness account of the *Panay* bombing and sinking, and of the passengers' flight inland. At deferred press rate of 13¢ a word, that 5,220-word story was a bargain, would have been worth the 73¢-a-word urgent cable rate used on the hottest news "breaks." Messrs. Mayell's and Alley's films of the power-diving Japanese planes will be something to see in the U. S. next week if local police departments do not censor them as too inflammatory.

Censorship has not been a major problem in this war. The great bulk of the reporting has been done behind China's lines and the Chinese do not wish to minimize their foe's might. Coverage of this war has other quixotic aspects. Reporters who are in a Chinese city one day may find it belongs to Japan the next. In Shanghai correspondents and cameramen could sleep comfortably in clean hotel beds, decide each morning which army they wanted to cover that day. But such convenience bred its carelessness and, for example, all United Press men had to be warned against foolishly exposing themselves after a machine-gun bullet bounced off H. R. ("Bud") Ekins' tin hat. While Shanghai was a battlefield, New York *Herald Tribune's* Victor Keen took a day off and was married.

Acme

COLLIER'S MARSHALL

Wounded on the Yangtze.

©1937, Universal Newsreel from Saibelman

LONDON TELEGRAPH'S STEPHENS

Killed on a water tower.

Japanese Troops Kill Thousands

'Four Days of Hell' in Captured City Told by Eyewitness; Bodies Piled Five Feet High in Streets.

BY A. T. STEELE.

SPECIAL RADIO
To The Chicago Daily News Foreign Service.
Copyright, 1937, The Chicago Daily News, Inc.

Nanking (via the U. S. S. Oahu), Dec. 15.—"Four days in hell" would be the most fitting way to describe the siege and capture of Nanking.

I have just boarded the gunboat Oahu with the first group of foreigners to leave the capital since the attack began. The last thing we saw as we left the city was a band of 300 Chinese being methodically executed before the wall near the waterfront, where already corpses were piled knee deep.

It was a characteristic picture of the mad Nanking scene of the last few days.

The story of Nanking's fall is a story of indescribable panic and confusion among the entrapped Chinese defenders, followed by a reign of terror by the conquering army which cost thousands of lives, many of them innocent ones.

While the behavior of the Chinese before the city's abandonment was deplorable in many ways, it was mild compared to the excesses of the invading force.

All foreigners in Nanking are safe.

Chance for Sympathy Lost.

Japanese brutality at Nanking is costing them a golden opportunity to win the sympathy of the Chinese population, whose friendship they claim to be seeking.

After the complete collapse of Chinese morale and the blind panic which followed, Nanking experienced a distant sense of release when the Japanese entered, feeling that the behavior of the Japanese could not possibly be worse than that of their own defeated army. They were quickly disillusioned.

The Japanese could have completed the occupation of the remainder of the city almost without firing a shot, by offering mercy to the trapped Chinese soldiers, most of whom had discarded their arms and would surrender. However, they chose the course of systematic extermination.

Bodies Piled Five Feet High.

It was like killing sheep. How many troops were trapped and killed it is difficult to estimate, but it may be anywhere between 5,000 and 20,000.

With the overland routes cut off, the Chinese swarmed to the river through the Ksiakwan gate, which became quickly choked. Emerging via this gate today I found it nec-

of bodies five feet high, over which hundreds of Japanese trucks and guns had already passed.

Streets throughout the city were littered with the bodies of civilians and abandoned Chinese equipment and uniforms. Many troops who were unable to obtain boats across the river leaped into the river to almost certain death.

Raid U. S. Envoy's Residence.

Japanese looting made the Chinese looting, which had preceded it, look like a Sunday school picnic. They invaded foreign properties, among them the residence of the American ambassador, Nelson T. Johnson.

In the American-operated University Hospital they relieved the nurses of watches and money. They stole at least two American-owned cars, ripping off the flags. They even invaded the camps of refugees, stripping many poor of the few dollars they owned.

This account is based on the observations of myself and other foreigners remaining in Nanking throughout the siege

1937 年 12 月 15 日，《芝加哥每日新闻报》首次报道日军在南京杀人过万的消息

阿契包德·斯蒂尔

阿契包德·特洛简·斯蒂尔（Archibald Trojan Steele，又译斯提尔、司迪尔、史蒂尔），1903年6月25日生于加拿大多伦多。1916年，13岁的斯蒂尔随家人移民到美国定居，后进入斯坦福大学学习。1924年，他从斯坦福大学毕业，获文学学士学位。毕业后，斯蒂尔准备环球旅行，首站便是中国。当他来到中国后，却把脚步停留在了中国，从此开始了在华二十多年的生活和工作。

20世纪20年代的中国面临着日本步步紧逼的侵略态势。1928年5月，发生济南事变，日军侵入国民政府所设的山东交涉署，将交涉员蔡公时割去耳鼻，然后枪杀，并将交涉署的外交官全部杀害。随后进入城内，屠杀济南军民1.1万余人。6月，日军制造了皇姑屯事件，炸死北洋军阀张作霖。三年后，日军策动九一八事变并占领中国东北三省。

1931 年九一八事变爆发，侵华日军在中国东北城市沈阳的城垣上向城内射击

也许是动荡不安的局势引起了斯蒂尔的兴趣，来华后不久，他便成为《纽约时报》（*The New York Times*）驻华首席记者哈雷特·阿本德（Hallett Abend，又译埃邦德、阿班）的助手。在担任《纽约时报》记者期间，斯蒂尔来到满洲，报道了九一八事变，立即显示出杰出的采访才能。当时担任日本同盟社上海分社社长的松本重治后来回忆说："斯蒂尔也是位能干的记者。关东军在追击马占山时，马占山从北满撤退到西伯利亚。内地普遍传闻他已战死。但斯蒂尔却估计他仍然活着，千方百计来到西伯利亚，与马占山进行了单独会谈后，发表了《马占山依然健在》的独家报道。"斯蒂尔的上司阿本德也肯定他的工作，称"对他的与生俱来的正直，我

是极为欣赏的”。深入一线追求真相，立场公正报道客观，正是新闻记者的专业精神。1932年，斯蒂尔离开《纽约时报》，转任美国《芝加哥每日新闻报》（*The Chicago Daily News*）与《纽约先驱论坛报》（*New York Herald Tribune*）国际部特派记者被报社派驻北平，在华北一带采访报道日本制造的多起侵华事件，以及中国军民的抗日救亡运动。此外，他还兼任美国《太阳报》（*The Sun*）和《每日邮报》（*The Daily Mail*）的记者。

1937年7月7日，日军炮轰宛平城，揭开了全面侵华的序幕，中国全民族抗战爆发。7月底，天津、北平相继沦陷。8月13日，日军大举进攻上海，八一三淞沪会战爆发。次日，国民政府发表《自卫抗战声明书》，声明“中国为日本无止境之侵略所逼迫，兹已不得不实行自卫，抵抗暴力”。上海，是英美势力集中的都市，历来是西

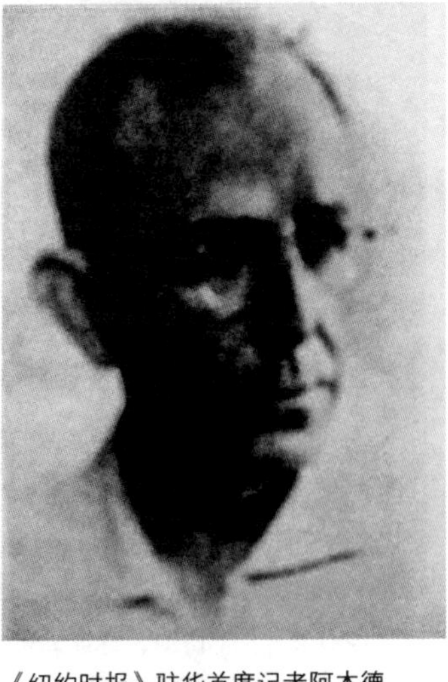

《纽约时报》驻华首席记者阿本德

方记者关注的重点。斯蒂尔也被上海的战局所吸引，关注着这个“十里洋场”的命运。历时三个月的淞沪会战，表现出中国政府与民众坚决抵抗侵略的立场与行动，激发了整个民族昂扬的抗战斗志，打破了日军三个月内灭亡中国的妄想，也让西方媒体对中国抗战的坚定决心刮目相看。

1937 年 11 月 13 日，日军第十六师团在长江白茆口登陆，拉开了由上海向南京进攻的序幕

1937年11月12日，日军占领上海，之后立即挥刀指向国民政府的首都——南京。日本军部内部曾就是否在攻下上海之后立即进攻南京一度产生争议，并制定了所谓的“制令线”，即苏州—嘉兴一线以东，日军前线作战部队不得越线。但是，随着日军在中国华东战场的节节进逼，“制令线”迅速名存实亡。日本第十军司令官柳川平助力主“独立果断地向南京追击”，并于11月18日向所属师团下达了“不失时机一举向南京追击敌人”的命令。11月24日，日本最高统帅部——大本营召开御前会议，正式废除了“制令线”，并制定《第二期作战计划大纲》，正式向南京进军。负责进攻南京的日军部队为华中方面军，该方面军组建于1937年11月7日，由华中方面军司令部、上海派遣军、第十军组成，方面军司令官由上海派遣军司令官松井石根兼任。12月1日，日本大本营发布“大陆命第八号”，颁布进攻南京战斗序列。2日，昭和天皇的叔父朝香宫鸠彦王被任命为上海派遣军司令，于7日赶到南京前线，接替松井石根出任日军进攻南京的总指挥官。当日，华中方面军司令部移驻苏州。日军经过在苏州与嘉兴一带短期集结，便兵分三路，直指南京。其右翼沿京沪线（南京—上海）开往南京，并渡江切断长江北岸交通与津浦铁路；中路从太

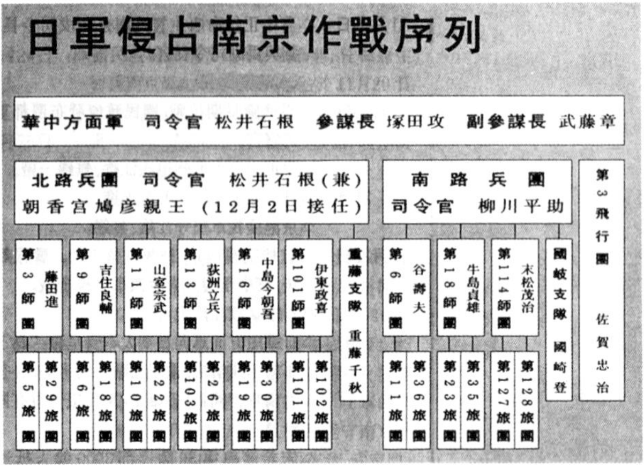

进攻南京的日军战斗序列

湖以南出发，绕经太湖从正面攻向南京；左翼沿太湖南岸向西，占领芜湖后渡江，从江北包围南京。

一场攻守南京的生死搏斗即将展开……

上海沦陷后，南京便暴露在日军的枪口下，成为日军急于拿下的目标。作为中国当时的首都，南京的命运牵动着全国，也是国际人士关注的焦点。1937 年 11 月中下旬，日军大军压境，先后侵占苏州、无锡、常州、江阴、镇江、湖州、泗安、广德、芜湖等地，所到之处，无不大肆屠杀、焚烧、抢劫、奸淫，江南一带民众陷入了悲惨的境地。面对日军迅速向南京逼近的态势，11 月

20日，南京国民政府发布《国民政府移驻重庆宣言》。国民政府的西迁，带动了工矿、教育、文化等机构加速内迁，人们对南京的命运更加悲观，纷纷加入到撤离南京的行列之中。一时间，苏锡常一带南逃的难民与南京城外逃的难民互相交错，构成了南京周边的难民潮。

就在广大民众纷纷逃离南京这个“是非之地”之时，斯蒂尔却选择了逆向而行，从山东济南出发，一路南下。他在报道中写道：“我跟随着这一令人压抑的人流从济南到了换乘站徐州，再从徐州开始逆着人流到了南京。”在南下南京的途中，斯蒂尔亲身感受到两段截然不同的路途。由于外逃的难民蜂拥而至，他在济南没能挤上第一班列车。而到徐州后转乘开往南京的列车时，车上却是空空荡荡，“因为没有人想

京沪路上的难民

去已经注定要完蛋的南京，我是豪华的一等卧铺车中唯一付了车费的乘客”。就这样，他一路逆着人流，历经千难万险，于12月2日辗转抵达风雨欲来的南京城，他在《记者的奋斗 历经千辛万苦到达南京》的报道中写道：“从江岸到南京北门，一直到市中心约三英里的路上，我一直逆着川流不息的逃难的人流而前进。”

斯蒂尔一到南京，就发出了第一篇关于南京保卫战的战场通讯，描述了“死守南京的阵势”，称：“为了要让日军在占领首都时付出最大的牺牲，必要的守军还是留了下来，一些中国军队已经开始构筑城门的防守工事。”

对于南京的防守，中国军政高层于11月中上旬多次召开会议，讨论南京的弃守问题。陈诚、李宗仁、张群等高级将领认为南京是个绝地，主张放弃南京。军事委员会第一部作战组组长刘斐认为，根据敌我双方情况和持久消耗战的方针，南京是首都，不作任何抵抗就放弃，当然不可。但不应以过多的部队争一城一地的得失，而只能用象征性的防守，作适当抵抗之后便主动撤退。他的意见较有代表性，得到了何应钦、徐永昌、白崇禧等高级将领的支持。而唐生智则主张坚决守卫南京，称：“南京是我国首都，为国际观瞻所系，又是孙总理陵墓所在，如果放弃南京，将何以对总理在天之灵？”最终，蒋介石决定采纳唐生智的意见，积极组织南京保卫战。他在日记中写道：“南京孤城不能不守，对上、对下、对国、对民殊难为怀也。”对于防守方针，蒋介石定为“短期固守”，即“南京守城，非守与不守之问题，而是固守之时间问题。在敌军火力优势，长江得自由航行之情势下，欲期保持，颇属难能，故只可希望较短时间之防守”。

方针确定，具体的保卫计划就开始着手实施。面对诸多将领无人主动承担守卫南京的重担的局面，蒋介石曾在会上说道：“如果没有人守，我自己守。”最后，主张坚守南京的唐生智主动抗下了这一重任，对蒋介石

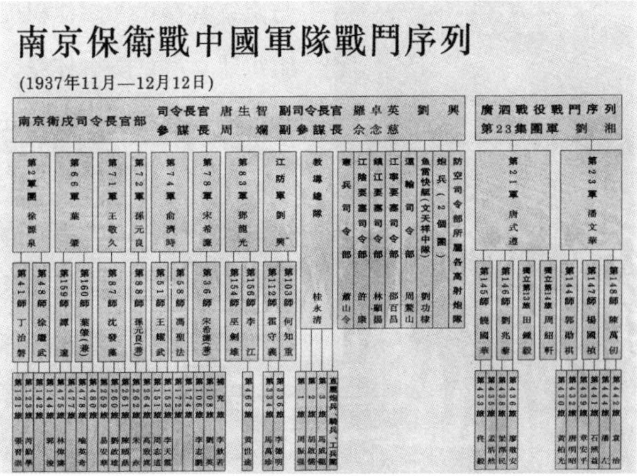

南京保卫战中国军队战斗序列

表示："愿意勉为其难，一定坚决死守，与南京城共存亡！"

11月24日，国民政府任命唐生智为南京卫戍司令长官，罗卓英、刘兴为副司令长官，指挥13个建制师又15个建制团、江宁要塞、首都警察等，总人数十余万人，利用外围与复廓阵地守卫南京。

唐生智，1889年生，字孟潇，湖南东安人。早年参加同盟会。参加过护法运动和北伐战争。1935年4月，被授予陆军一级上将。6月，任军事委员会执行部主任，主张"抗日持久"。1937年11月，力主守卫南京，出任南京卫戍军司令长官，表示"临危不乱、临难不苟"，"没有统帅命令决不撤退，誓与南京共存亡"。他积极组织建立南京防御体系，指挥战斗，并支持国际安全区的设立。出于背水一战、鼓舞士气的考虑，唐生智下令封锁南京通往长江北岸的通道，撤走江面船只。12月9日，日军向中国守军发出最后通牒《投降劝告书》，外界盛

南京卫戍司令部司令长官唐生智

中国守军在雨花台的阵地

传南京已经沦陷。10 日，唐生智下令拒绝向日军投降。当日下午，日军向南京发起总攻。唐生智坚持不进地下室，在百子亭寓所指挥中国守军抗击日军进攻。12 日，他奉蒋介石之命下达撤退命令，但指挥失当，使“大部突围、一部渡江”变成了“大部渡江、一部突围”的状况，致使八到九万中国守军既不能渡江，又失去有组织的战斗力，大批被俘，遭到日军集体屠杀。其本人则率副司令长官等高级将领于 12 日晚 9 时在煤炭港附近乘坐一艘小火轮驶往浦口，后辗转抵达汉口。

斯蒂尔抵达南京之后不久，日军完全掌握了南京的制空权，并占领了南京城防外廓阵地，形成了对南京城的包围态势。日军气势逼人，人们大多认为，拿下南京只是时间问题。斯蒂尔在《燃烧的郊外》的报道中写道："南京人都意识到他们被城墙围着的这个世界眼看就要崩溃了，他们在等待着。"他认为，即使抵抗，也是重在名誉。"留下的人都清楚：他们的处境是让人绝望的，退路几乎都被切断了，必须守卫这个城市的理由只有一个，那就是为了名誉和面子。"

鉴于中日两军兵力悬殊的客观现实，无论从军事装备，还是地势地形，要想守住南京，在当时的主客观条件下都是不可能完成的任务。但是，如果不战而放弃首都，必会在民族情感上造成极大的心理冲击，势必影响士气。因此，斯蒂尔认为中国军队是"为了名誉和面子"而保卫南京的。

日军压境，留在南京城内的美国人，自然是斯蒂尔关注的重要对象。12 月 7 日，他在给美国《太阳报》的专电中写道：

> 至少有 14 名美国人打算在南京被包围期间也一直留在城内，除非发生万不得已的情况。……这些美国人知道他们所面临的危险，他们将置身于被

偏离方向的炮弹、炸弹和流弹击中的危险之中。……而且，他们随时都有可能遭到抢劫。

斯蒂尔形容留守南京的美国人是“坚守岗位”，并强调“坚守岗位的美国人在数量上远远超过了其他所有外国人的总和。同时，美国人在设立安全区时也扮演了重要角色”。他也注意到，城内的南京市民对留下来的美国人报以极大的期待，他认为，“南京社会对美国的同情和友情表达着近乎绝望的感谢”。

日军在城外升起观测气球，指挥炮兵轰击

日军空中与地面的双重攻击，给南京市民带来了巨大伤痛。斯蒂尔在《狂轰滥炸南京 造成累累死伤》的报道中称：“一天的轰炸、扫射，将数以百计血肉模糊、肢体破碎的人送进医院，将其他残缺不全、失去生命的躯体奇形怪状地散落在弹坑四周。”

南京市民被迫蜂拥进入安全区，视安全区为最后的生还希望。南京沦陷前夕，正是难民涌入安全区的高峰期，斯蒂尔估计，“约 10 万人到这里避难”。他认为，如果日军能够尊重安全区的中立地位，那么安全区就应该能像饶家驹在上海创立南市难民区一样，成为解决人道危机的有效途径。

12 月 10 日，日军向南京城发起总攻后，斯蒂尔以“大炮集中攻击南京”为题，描述了极其激烈的战斗场面：

> 今天我在一个易于眺望的地方观察到炮弹一个接一个地落在南京的中央以及南部地区，继而纷纷爆炸，平均一分钟四回这样的频率。整个城市都弥漫着浓重的烟雾。

斯蒂尔观测到，日军为测定目标，在紫金山附近放出一对观测气球，以确定炮击的方向。他写道：“由于不间断的炮击，我们在城内度过了一个不眠之夜。”

面对日军总攻，中国守军英勇还击，给斯蒂尔留下了深刻印象。他写道：“只要有城墙在他们和日军之间存在，就顽强抵抗着。在中国军队的炮口，炮弹一个接一个地打出。”

斯蒂尔感叹：“南京最艰难的时刻来临了。”

在他的报道里，日军的进攻是猛烈的，中国军队的抵抗是顽强的，战斗日益激烈，“守卫在城墙垛上的部队用机枪嗒嗒地射击着，子弹在头顶呼啸。”他在《每日邮件》报上刊发报道《是否投降　否则日军将踏平南京》，描述了一支中国守军抗击日军直至被全部消灭的情形，称：

> 仅有自动手枪的中国部队遭到了有战车、机关枪装备的敌军包围。日军放火烧草和树木，火焰把没有退路的中国兵一步一步逼向山顶。遭到炮火的一齐攻击，剩余的中国兵无计可施，只能面对死亡。……在无情的机关枪射击下，无一幸免地全部横着倒下了。

类似的消息不断地被斯蒂尔报道，这估计是斯蒂尔来华以来，目睹过的中国军队最激烈的抗击。12日至13日凌晨，南京已岌岌可危，斯蒂尔仍冒着生命危险，深入城市街区，与中国士兵并肩战斗，遇上日机投弹时，他“从汽车里出来，靠近墙壁卧倒”。他看到中国士兵被日军炸伤后痛苦哀号，凄惨的场景令他难以忘却，他写道："他们痛苦的呻吟将长久萦绕在我的记忆之中。"

正是这种亲临一线的职业精神与非凡勇气，让斯蒂尔看到了南京的真实战况。他及时、客观、公正的报道，让外界知晓了悲壮的南京保卫战。

1937 年 12 月 13 日，日军攻入南京城。此刻，斯蒂尔与其他四名西方记者仍然留在南京，记录了他们亲身经历的黑暗时刻。我们今天能看到的最早见报的有关南京大屠杀的讯息，是 1937 年 12 月 15 日美国《芝加哥每日新闻报》头版刊登的题为《日军杀人盈万》（*Japanese Troops Kill Thousands*，又译作《日军屠杀成千上万》）的报道，这篇报道由斯蒂尔编写并发出。从目前所发现的史料来看，斯蒂尔先生是最早成功发出南京大屠杀讯息的记者。

12 月 15 日，斯蒂尔等西方记者经过与日军当局交涉，最终获准乘坐美国军舰"瓦胡"号离开南京，前往上海。对于记者们而言，留守的南京是一座通讯中断、消息封锁的死城，登上"瓦胡"号，虽然离开了新闻第一线，但获得了发出新闻稿的难得机会。于是，斯蒂尔一上舰艇就立即赶往发报室，将他手头最新的稿件通过无线电发送出去。这篇报道，就是《日军杀人盈万》，副题为"目

O DAILY NEWS

RED STREAK

DECEMBER 15, 1937—THIRTY-SIX PAGES. ★ THREE CENTS

ASSACRE STORY

Japanese Troops Kill Thousands

'Four Days of Hell' in Captured City Told by Eyewitness; Bodies Piled Five Feet High in Streets.

BY A. T. STEELE.

SPECIAL RADIO
To The Chicago Daily News Foreign Service.
Copyright, 1937, The Chicago Daily News, Inc.

Nanking (via the U. S. S. Oahu), Dec. 15.—"Four days in hell" would be the most fitting way to describe the siege and capture of Nanking.

I have just boarded the gunboat Oahu with the first group of foreigners to leave the capital since the attack began. The last thing we saw as we left the city was a band of 300 Chinese being methodically executed before the wall near the waterfront, where already corpses were piled knee deep.

It was a characteristic picture of the mad Nanking scene of the last few days.

The story of Nanking's fall is a story of indescribable panic and confusion among the entrapped Chinese defenders, followed by a reign of terror by the conquering army which cost thousands of lives, many of them innocent ones.

While the behavior of the Chinese before the city's abandonment was deplorable in many ways, it was mild compared to the excesses of the invading force.

All foreigners in Nanking are safe.

Chance for Sympathy Lost.

Japanese brutality at Nanking is costing them a golden opportunity to win the sympathy of the Chinese population, whose friendship they claim to be seeking.

After the complete collapse of Chinese morale and the blind panic which followed, Nanking experienced a distant sense of release when the Japanese entered, feeling that the behavior of the Japanese could not possibly be worse than that of their own defeated army. They were quickly disillusioned.

The Japanese could have completed the occupation of the remainder of the city almost without firing a shot, by offering mercy to the trapped Chinese soldiers, most of whom had discarded their arms and would surrender. However, they chose the course of systematic extermination.

Bodies Piled Five Feet High.

It was like killing sheep. How many troops were trapped and killed it is difficult to estimate, but it may be anywhere between 5,000 and 20,000.

With the overland routes cut off, the Chinese swarmed to the river through the Kiakwan gate, which became quickly choked. Emerging via this gate today I found it nec-

of bodies five feet high, over which hundreds of Japanese trucks and guns had already passed.

Streets throughout the city were littered with the bodies of civilians and abandoned Chinese equipment and uniforms. Many troops who were unable to obtain boats across the river leaped into the river to almost certain death.

Raid U. S. Envoy's Residence.

Japanese looting made the Chinese looting, which had preceded it, look like a Sunday school picnic. They invaded foreign properties, among them the residence of the American ambassador, Nelson T. Johnson.

In the American-operated University Hospital they relieved the nurses of watches and money. They stole at least two American-owned cars, ripping off the flags. They even invaded the camps of refugees, stripping many poor of the few dollars they owned.

This account is based on the observations of myself and other foreigners remaining in Nanking

THE PRESS

—TIME, December 27, 1937—

Chinese Coverage

Sunday before last Fox Movietone Cameraman Eric Mayell and Universal Newsreel's Norman Alley, lugging their cumbersome apparatus, struggled down to Nanking's shell-mashed Bund and frantically waved at a gunboat which was headed upriver. The Chinese were fleeing Nanking and Mayell and Alley did not plan to remain with a handful of their colleagues to witness the triumphal Japanese entry. The departing gunboat put off a motor sampan, which returned to pick them up. Thankful for their rescue and still a little worried for the safety of their friends they left behind, Mayell and Alley were, a few minutes later, climbing up the side of the U. S. S. Panay. . . .

... die during the hostilities was Pembroke Stephens, crackman from the London Telegraph. He was machine-gunned while watching the siege of Shanghai from a water tower in the French Concession. Two New York Timesmen, Hallett Abend and Anthony James Billingham, were wounded when the Chinese accidentally bombed the Wing On department store in Shanghai.

Though bloody, the coverage of the Chinese war by U. S. newsmen and photographers has been exceptionally good.

Acme
COLLIER'S MARSHALL
Wounded on the Yangtze.

©1937, Universal Newsreel from Selbelman
LONDON TELEGRAPH'S STEPHENS
Killed on a water tower.

1937 年 12 月 15 日，《芝加哥每日新闻报》首次报道日军在南京杀人过万的消息

击者叙述沦陷城市‘四天地狱般的日子’，街道上尸体积有五英尺”。由于时差的原因，这篇报道刊登在《芝加哥每日新闻报》的时间也是 12 月 15 日。这篇具有标

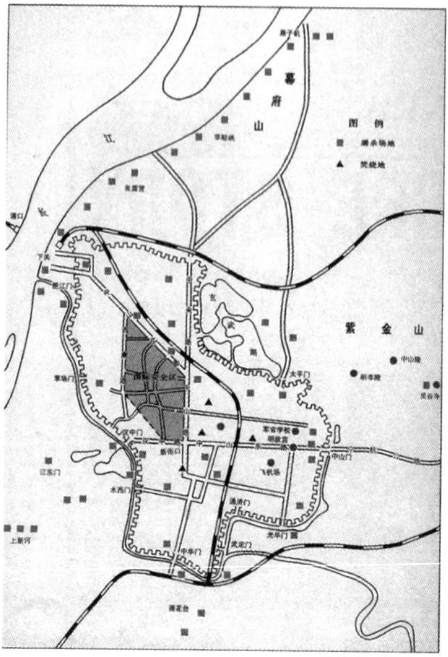

侵华日军南京大屠杀示意图

志性的报道开宗明义，直接指出：“地狱般的四天，是形容攻占南京的经过最恰当的字眼。”接着，斯蒂尔从“失去赢得同情的机会”、“尸体积有五英尺高”、“抢劫美国大使的寓所”三个方面叙述南京沦陷后的情形：

离开南京之际，我们最后见到的场面是一群300名中国人在临江的城墙前井然有序地遭处决，那儿的尸体已有膝盖高。

这是近几天疯狂的南京景象最典型的写照。

……

日军口口声声要寻求中国人民的友谊，但他们在南京的残暴行为使他们失去极好的赢得中国民心的机会。

……

日军只要宽恕困在城里的大多数已经放下武器准备投降的中国军人，就几乎可以不费一枪一弹占领南京城其余部分。然而，他们选择了有计划屠杀守军的做法。

屠杀犹如屠宰羔羊。很难估计有多少军人受困，遭屠杀的也许在5000至20000之间。

……

日军闯入外国人的房产，其中包括美国大使尼克松·T.约翰逊的府邸。劫掠过后，看上去犹如星期日教会学校的野餐，一片狼藉。

在美国人开办的金陵大学医院，他们抢去护士的手表、钱财。至少偷走两辆美国人的汽车，撕掉美国国旗。他们甚至闯进难民营，许多穷人仅有的几个铜板亦遭洗劫。

最后，斯蒂尔强调这篇报道的内容不是不负责任地随意猜想，而是留在南京城内的其他外国人共同见证的真实情景。他写道："这篇报道是根据我自己亲眼所见和日军攻占南京整个过程中都留在城内的其他外国人的目睹而写成的。”

《日军杀人盈万》的报道刊出后，立即被多家美国报纸转载。由于斯蒂尔兼任《太阳报》和《每日邮报》记者，所以这篇报道也同时刊登在这两家报纸上。两家报纸在刊登这篇报道时均对标题作了些改动，《太阳报》的标题为“地狱般的南京沦陷，记者离开时看到残酷的大屠杀”，《每日邮报》的标题是“目击300人被处死”。一天里，三家报纸同时刊发南京讯息，让美国社会初步知晓了一场特大暴行正发生在大洋彼岸的南京。美国影响力极大的主流报刊《纽约时报》也注意到了这篇报道，

美国大使馆门前的美国国旗遭日军扯落

于第二天转载了斯蒂尔报道的开头一段——南京“四天地狱般的日子”，并在电头中写了“12月15日，沦陷讯”。12月18日，美国《世界日报》又以“日军在南京进行屠杀掠夺”为题，转载斯蒂尔的报道。

需要指出的是，《日军杀人盈万》并不是斯蒂尔撰写的第一篇关于南京大屠杀的报道。

南京沦陷之时，斯蒂尔有写下一些什么吗？答案是肯定的，但是无法即时发表。日军侵占南京后，立即开始了屠杀暴行，可以说，进攻与屠杀并行。面对恶劣的战争环境，加上日军实施严格的新闻封锁，斯蒂尔与其他几位西方记者已无法正常开展新闻报道工作。只有在撤离南京抵达上海之后，他们才有机会将写于12月15日之前的新闻稿发出去。这一点，在12月17日的《芝加哥每日新闻报》上就有清楚的说明。当天，《芝加哥每日新闻报》刊登了题为“记者描绘战争屠杀场景”的报道，在报道的开头，有一段编辑的话，写道：

《芝加哥每日新闻报》记者A.T.斯蒂尔冒着生命危险，忍受困苦，不畏恐怖，从而能够向美国读者讲述日军进攻中国首都并造成浩劫的悲惨经历。幸亏一艘美国军舰，他现已平安抵达上海。这些电讯描述了斯蒂尔亲眼所见，或通过其他目睹者得知，在日军进入南京之际生死攸关的几个小时内发生的事。

该报道的电头为“南京 12 月 14 日（稿件被耽搁）”，也就是说，14 日的稿件被耽搁至 17 号才刊登出来。这篇被耽搁的稿件这样写道：

> 日军兴高采烈地报道了攻占南京、军队胜利的入城的情况。然而，他们却绝少提及首都沦陷后城墙内上演的人间悲剧。无数激情、悲怆、恐慌、野蛮拥塞在那数天之内，以至于难以用数百字，或即使用上数千字也无法将它们恰当地表述出来。
>
> 此后，映入我眼帘的是南门外一片肆意屠杀的场景……我见到日军不但在商店抢劫，而且在居民家里掠夺，还在医院、难民营中洗劫。

接着，他以“孤苦无助的平民遭刺杀”为小标题，描述了他在街上和医院亲眼所见的悲惨情形：

> 我见过这样的场面：月光下日军的枪手在街头游荡，枪杀奔跑者，也打死不跑的人；日军有计划

的逐屋搜索，抓走身着便装的嫌疑分子，把他们几十个人绑成一团，一个个拉出去枪毙，其他命运相同的伙伴则木然地坐在一边，等待轮到他们被枪毙的时刻。

我看见日军拳打脚踢孤苦无助的百姓，在医院见到许多被刺刀刺伤的平民。

我眼见每条街上都横陈着尸体，其中包括一些不可能对他人造成伤害的老人，还见到成堆成堆遭处决而死的尸体。

以上是斯蒂尔写于南京沦陷之初的“新鲜消息”。我们不难想象，斯蒂尔以多么勇敢与坚定的精神，目睹并记录日军疯狂杀戮的恐怖场景；又以多么急切而无奈的心情，面对无法立即发出通讯的困境。试想，如果没有搭上美国军舰，斯蒂尔的这篇报道也许会遭受另外一种命运，即使不是被日军搜出销毁，也可能要在斯蒂尔手里“捂”上很长一段时间才会“见光”。

1937 年 12 月 17 日，斯蒂尔乘坐美舰“瓦胡”号抵达上海。离开南京后，他仍然关心南京的局势，关注着遭日军攻击的美国伤员，牵挂着留在南京城内的美国同胞和南京难民。

飞临“帕奈”号军舰上空的日军飞机

与斯蒂尔同行抵达上海的，还有被日军战机击沉的美国军舰“帕奈（Panny）”号受伤官兵。“帕奈”号是美国海军在长江上的巡逻舰，重482吨，1927年在上海江南造船厂建造下水，1928年服役，部署在美国亚洲舰队。1937年12月10日，“帕奈”号载着最后一批美国外交官、记者、商人往长江上游行驶，并告知了日军方位，但仍然在12月12日遭到日军飞机突然袭击后沉没，导致两名美国水兵与一名意大利记者死亡，史称“帕奈号事件”。斯蒂尔采访了“帕奈”号上的美国环球公司摄影师诺曼·爱黎（Norman Alley），报道了“帕奈”号遇袭的过程，认为这是“应被称作恶作剧的杀戮”。

12 月 18 日，斯蒂尔从上海发出专电，题为《南京的美国人的勇敢》，报道了外籍人士在南京安全区救援难民的事迹，赞扬美、德等国人士留守南京后发挥的重要作用，称：“如果不是在攻击中一直留在南京的少数美国人和德国人勇敢地进行了一些活动的话，情况有可能变得更加恐怖。”

斯蒂尔介绍了金陵大学美籍教授刘易斯·史迈士、金陵女子文理学院（原金陵女子大学）教育系主任明妮·魏特琳、鼓楼医院美籍医生罗伯特·威尔逊救援难民的情况，称他们的救援行动是“英雄行为”。

南京大屠杀期间，有 14 名美国人留在城内，奋力展开人道主义救援行动，留下了许多可歌可泣的感人事迹。其中，史迈士是金陵大学社会学教授，担任安全区国际委员会秘书，向日本领事馆发出了多篇抗议日军暴行的书信或报告。1938 年春，他对南京城内及邻县的战争受损情况进行调查，撰写了《南京地区战争灾祸：1937 年 12 月至 1938 年 3 月》一书。这是日军侵占南京后的首份较为系统的战损调查，后被远东国际军事法庭和南京审判战犯军事法庭采信。魏特琳，中文名华群，人称“华小姐”，可谓是“妇女与儿童的守护者”。她从1919年10月来到南京担任金陵女子大学教育系主任以后，毕生都与中国结缘。1937年12月日军进攻南京时，她坚决表示“无论如何也不离开南京”，与中国人程瑞芳和陈斐然组成“非常委员会”，开放校园作为专门收容妇女和儿童的难民营。她奋力阻挡日军闯入难民营，被难民们称为“活菩萨”。

拉贝先生在日记中，形容魏特琳“像抱窝的老母鸡带小鸡那样保护着她们”。魏特琳写于1937年8月到1940年4月的日记，详细记载了当时的南京情形，成为南京大屠杀的铁证之一。临终前，魏特琳曾说：“倘若我有第二次生命，仍愿为华人服务。”她的墓碑上镌刻着四个醒目的中文大字：永生金陵。鼓楼医院美籍医生威尔逊，更是一个人挑起了一座医院的外科手术重担，不分昼夜地救治重伤病员。斯蒂尔描述了威尔逊在极其艰难的条件下坚持进行手术的情景：

> 每个小时都有截肢手术。威尔逊正在进行一个须倍加小心的精细手术时，一颗炸弹在医院的院子里爆炸了。爆炸炸坏了窗户，弹片撒到了手术室，可是就是在这种情况下手术也没有中断。

这些美国同胞对正义、人道、爱的坚守，打动了斯蒂尔等西方记者，他们对此撰写了多篇报道，并予以高度评价。

在对外籍人士开展人道主义救援表示赞赏的同时，斯蒂尔也指出他们面临的困境，并对比了中日两军对待西方侨民截然不同的态度。他写道：

> 值得注意的是，尽管中国军人的士气已瓦解，他们并没有转而抢劫外国人的财物。日本人就不同了，他们藐视外国人的权利，对明白张贴有使馆公告，插有国旗的外国产业，一再袭击、抢劫。

除了美国人，离开南京的斯蒂尔没有忘记苦难中的南京市民，结合传教士传来的讯息与自己在南京的见闻，在报道中多次提及南京难民。他在12月18日《南京的美国人的勇敢》报道中指出："被逮捕的人中间能够回来的只有少数，也就是说，被抓去的大部分人连个简单的审判都没有就被杀害了。"

1938年2月3日与4日，《芝加哥每日新闻报》连续两天刊发斯蒂尔的报道，分别题为"揭示恐怖残暴的场面"和"在南京屠杀惊恐的中国人"，内容为斯蒂尔回顾亲历的南京沦陷及大屠杀初期的情形。他在报道《揭示恐怖残暴的场面》中指出，南京沦陷后的混乱是他在华战地记者生涯中最严重的一次。

> 在日军炮火轰击下，南京城内中国方面的防御顷刻土崩瓦解，那种失去控制的场面混乱之极，我在中国 6 年战地记者生涯中的所见所闻均无法与之相比。
>
> ……
>
> 投降者并没有受宽待，而是和其他人一道被押往屠场。

《在南京屠杀惊恐的中国人》一文里，报道了日军攻陷南京的过程及紧接着的屠杀暴行。屠杀的对象，首先是撤退失败的中国军人。只要被日军怀疑有军人身份，无论是否投降，无论是不是战俘，均难逃被残杀的结局。

> 日军下决心要进行屠杀，在把中国官兵一个不剩地杀光之前，他们是不会满足的，即使对投降的人也毫不留情。他们和其他人一起被带往刑场。没有军事法庭，也没有审判。正如预想的那样，数以

百计的无辜市民在这种恐怖统治下被逮捕并杀害了。

放下武器的中国士兵被日军成片地屠杀，残酷的场景让斯蒂尔想起了美国林场里的野兔，失去了有效的抵抗力，任人宰割。他写道：

我在西部时曾经看过别人捕猎野兔。猎人们面对无力的兔子慢慢收紧警戒线，把他们驱逐到包围圈里。兔子就在那里被打死或杀死。南京的情况简直与其一样，只不过牺牲品变成了人。陷入圈套的人和兔子一样无力，无法进行抗争。因为他们中的大多数已经丢掉了武器。

搜捕“支那兵”，是日军挂在嘴上的屠杀理由。日军以搜捕“便衣”为借口，只要有头箍印、手茧等与中国士兵的特征稍有相似的痕迹，就会立即被日军以“支那兵”为由，拉出去屠杀。斯蒂尔描述了自己目睹的一次集体行刑的场景：

我亲眼看到了一次集体行刑。数百人的团体被迫拿着一面很大的日本国旗从街头走来，有两三个日本兵跟着他们，把他们押往一块空地。在那里，他们被三三两两残酷地枪杀。一个日本兵拿着步枪，站在堆成小山的尸体上，向稍微有点动弹的人身上发射子弹。

此情此景，深深震撼了斯蒂尔，他在报道的最后写下了自己的心声：“对日军来说，这可能是战争，然而对我来说却像是谋杀。”

美国杂志《日本兵》（*The Jap Soldier*）写道：日本人像原始人一样杀害了许多中国军人和平民，并在数以万计的尸体上浇上汽油后焚烧

早在1937年12月30日，位于北平的德国驻华大使馆办事处在寄给汉口的秘密报告里，斯蒂尔采写的上述两篇报道被作为附件收入其中。35天后，报道内容公开见报，立即引起了美国主流舆论的关注。2月14日，纽约《时代》周刊以“目击者——南京残暴事件”为题，转载了这两篇目击报道。

3月28日，日本扶植的伪政权维新政府在南京成立。几乎是同一天，美国牧师约翰·马吉用16毫米摄影机在南京秘密拍摄的日军暴行影片在汉口进行了小范围的放映。当时，知道马吉影片的人非常少，看过影片的人更少，而斯蒂尔则写下了这部记录南京大屠杀现场影像的影片在汉口放映的情况，十分难能可贵。他写道：

> 电影中所揭示的日本人残忍的可怕证据使得南京新政府的赞助者——日本人，所夸夸其谈的亲善显得多么空洞和滑稽可笑。……
>
> 许多镜头描述了可怜平民沦为无纪律、残忍、性欲强烈的征服者的牺牲品。

斯蒂尔介绍了马吉所摄影片的内容，如鼓楼医院救治妇女儿童，被日军砍伤、烧伤的中国男女，他认为：“这部电影的真实性不容置疑。它只确认了目击者对日本征服中国最黑暗一页的描述。”

约翰·马吉于1912—1940年在中国传教，是南京道胜堂的一名美国牧师。他有一架16毫米摄影机，本是教会配给他在南京记录日常工作使用的。南京大屠杀期间，马吉出任国际红十字会南京委员会主席、南京安全区国际委员会委员。为了记录日军暴行，他拿起摄影机，冒着生命危险，将镜头对准正在受难的南京百姓。在影片的解说词中，马吉声称拍摄时“必须非常小心谨慎地行动，不可让日本人看见，以免摄影机被他们砸坏或没收”。他拍摄了日军屠杀后的现场和受害人在南京鼓楼医院接受救治的场面，留下了有关南京大屠杀的历史影像。1938年初，安全区总干事、南京基督教青年会牧师乔治·费奇(George Fitch）在离开

马吉牧师当年使用的摄像机

LIFE, May 16, 1938

THESE ATROCITIES EXPLAIN JAP DEFEAT

These ten pictures are not pretty to look at, but they partially explain why Japan is now being beaten at war. They were taken after the Japanese occupation of Nanking, Dec. 13. The photographer was an American missionary whose name must be concealed. He used a 16-mm. amateur movie camera carefully hidden from Japanese eyes.

The most dreadful pictures of the rape of Nanking this amateur photographer could not take. He knew that if he filmed civilians being shot down or houses looted and burned, he would be arrested and his camera smashed. Besides, he was too busy, like other foreign missionaries and doctors, saving what civilians he could. But for two weeks he saw an army completely out of control, raping, burning, killing, robbing and destroying without check. He saw a Japanese embassy completely powerless to restrain its own men. In foreign hospitals in and around Nanking he saw hundreds of innocent victims of "totalitarian war."

But the rape of Nanking had, for the Japanese, its own devastating revenge. It 1) solidified China into an indomitable will to resist the invader; 2) so demoralized Japanese military discipline that they are now, to the world's amazement, enduring one smashing defeat after another on the 1,000-mile Shantung front.

In primitive baskets, Chinese civilians who were shot, bayoneted or bludgeoned by Japanese soldiers are transported by neighbors to an emergency village opened by missionaries.

Horrible death wiped out all but two of a Chinese family of 11 when 30 Japanese soldiers broke into the house, Dec. 13.

A bullet wound in the arm remains with this woman as memento of night when a soldier killed her husband and child.

His head burned to a cinder, this man died in a few hours. He was one of 100 tied together, doused with gasoline,

Two bayonet gashes in the throat were punishment for this home owner who refused to yield his women to Japanese.

Decapitation was barely escaped by this woman when soldiers ordered her to an abandoned house, hacked her neck.

A beating with an iron bar was given this 14-year-old boy who begged to go home when taken prisoner and starved.

Struck with an axe, this policeman was still in hospital two months later. He escaped a firing squad by feigning death.

For resisting assault, this 19-year-old woman was stabbed 29 times. She had a miscarriage in a refugee hospital later.

Typical fate met by thousands in Nanking: execution with hands tied in back, bodies left to rot in roadside ponds.

1938 年 5 月美国《生活》杂志上，刊登了从马吉影片胶片中翻拍的 10 幅照片

南京时，将马吉拍摄的纪实影片胶片缝在驼毛大衣的衬里，秘密带到上海柯达公司制作拷贝。之后，该片在美国、瑞士、德国、中国等地秘密放映，凡看过的人，均感到

十分震惊。如今，这部摄影机连同胶片带，作为南京大屠杀档案的组成部分，入选了联合国教科文组织公布的《2014—2015 年度世界记忆遗产名录》，成为南京大屠杀历史的“铁证”。

从东北的南洲到华北的北平、济南，再到华东的南京、上海，斯蒂尔的足迹跟随着中国抗战局势的变化，见证了日本从局部侵华到全面侵华的过程。1938 年初，斯蒂尔又前往中国内陆，继续报道中国抗战。抗战期间，他在陪都重庆和解放区延安都留下了采访的踪迹。1938 年 5 月，斯蒂尔与瑞士新闻摄影记者沃尔特·博斯哈德（Walter Bosshard）一起，在西安八路军办事处主任林伯渠的安排下，随八路军运输车队从西安出发，踏上了探访延安的路途。一路上，大雨泥泞，“好几次，车队还得从万丈深渊上晃晃悠悠地经过，让人直捏一把冷汗”。来到延安后，斯蒂尔看到了中国人民抗战的真实情况，报道了解放区人民的抗战生活，采访了毛泽东和其他中共领导人。

1944 年 8 月，斯蒂尔在英属印度驻锡金政治官古德的陪同下，由英属印度前往西藏。在他之前，前往西藏的美国人寥寥无几，西方人对西藏的了解也非常少。他也是我们所知的第二次世界大战期间造访拉萨的最后一位美国人。斯蒂尔对拉萨的政治、教育、交通等情况做了报道，于9月中旬离藏。后来，他关于西藏的报道在《芝加哥每日新闻报》上连载刊出。

1946年9月，斯蒂尔以美国《纽约先驱论坛报》记者的身份，再次访问延安。9月29日，毛泽东接见了他。毛泽东就美国调解国共关系、国共内战、国民大会等问题回答了斯蒂尔的提问。后来，这次谈话以“美国‘调解’真相和中国内战前途——和美国记者斯蒂尔的谈话”为题，被收录于《毛泽东选集》第四卷。

回国之后，斯蒂尔撰写了《美国人民与中国》一书，介绍自己在中国期间的所见所闻所感。1978年11月，斯蒂尔来到中国，邓小平在北京接见了他，向他介绍了中国粉碎“四人帮”以后的情况以及对中美关系的看法。

有人称，斯蒂尔是“驰骋在中国抗战前线的美国‘牛仔’”，他深入一线，临危不惧，以一个记者的职业使命向全世界发出了南京大屠杀的最早讯息。他的足迹，遍布了大半个中国，成为一名资深驻华记者。遗憾的是，斯蒂尔也发表过对伪满洲国的吹捧言论，特别是晚年在西藏问题上附和西方反华势力的观点，反映出了一部分美国媒体人对中国的偏见。尽管如此，1937年12月依然是斯蒂尔记者生涯的闪光点，他在第一时间记录日军南京大屠杀暴行，发出有关南京大屠杀早期报道的勇敢行为与正义立场，仍然值得肯定，南京不会忘记他作过的贡献。

1992 年 2 月 28 日，斯蒂尔在美国亚利桑那州的塞多纳市（Sedona）逝世，享年 89 岁。

弗兰克·德丁：
一生中的三次南京情节

1988 年 6 月，德丁先生（中）在参观侵华日军南京大屠杀遇难同胞纪念馆

弗兰克·提尔曼·德丁（Frank Tillman Durdin，又译杜丁），1907 年出生于美国德克萨斯州，曾就读于德克萨斯基督教大学。1937 年担任《纽约时报》驻华记者，报道了日军飞机轰炸南京和中国军队发起南京保卫战的消息。南京大屠杀发生初期，他是留守南京的五名西方记者中最年轻的一位，先后发出了有关日军实施南京大屠杀的多篇报道，成为五名留守南京的西方记者中，报道南京局势最完整、最连贯、最深刻的人。

《纽约时报》，前身是 1851 年 9 月 18 日创刊的《纽约每日时报》（*The New-York Daily Times*），1857 年 9 月 14 日改称《纽约时报》，是一份在美国纽约出版的日报。1896 年，美国著名报纸发行人阿道夫·奥克斯（Adolph Simon Ochs）收购《纽约时报》后，确定了“力求真实，无畏无惧，不偏不倚，并不分党派、地域或任何特殊利益”的新闻报道原则。随后，该报成为美国高级报纸与严肃刊物的代表，长期以来拥有良好的公信力和权威性，在全球范围内具有相当的影响力。

德丁作为《纽约时报》驻南京的记者，他对南京大屠杀的报道，在当时发挥了重要的影响力，是南京大屠杀真相早期传播的主要力量之一。与其他外国记者不同的是，德丁的一生三次与南京结缘，尤其是第一次在南京报道日军攻城与暴行，可谓他一生中最难忘的一段经历。从1937年8月15日日军首次空袭南京，至12月15日，德丁是完整经历日军空袭、总攻、占领南京全过程的西方记者，对日军进攻南京作了完整的报道。他对1937年的南京，比其他西方记者有着更深的体会。

1937年8月15日，淞沪会战打响后的第三天，日军发动了对南京的空袭。作为中国当时的首都，南京遭日军狂轰滥炸，使南京与上海的形势一起成为那个阶段西方媒体关注的最主要的中国新闻。

9月21日，《纽约时报》刊登了德丁对日军空袭南京的报道，以及美国外交官撤离南京的消息：

> 今天上午，50架日军飞机对南京全城除新居民区以外的所有地区发动了恐怖的3小时空袭。日方宣布，从今天中午开始，可能对任何地区发动不加区别的、更加猛烈的空中轰炸。……在空袭继续进行的过程中，记者就驱车快速赶往现场，目睹许多平民被炸死。记者估计现场附近有50人被炸死。

日本第三舰队司令官长谷川清多次发出警告，要求外国人必须离开南京，到时候“日军将采取一切必要手段打击南京”。迫于南京形势的恶化，美国外交官先期撤出南京，“美国大使馆在大使约翰逊和他手下的七名职员带领下撤离南京”。尽管美国大使在稍

日本海军航空队飞向南京，准备实施轰炸

后又返回了南京，但此举加重了南京地区不安定的氛围。

德丁关注日军空袭下南京民众的生活，报道了南京居民在担惊受怕中恢复和维持正常生活的情景。在当时的南京居民眼里，阴雨天等于好天气，因为只有在能见度较低的阴雨天，日军的空袭才会暂停。这一点，南京安全区国际委员会主席拉贝在日记里也有相同的叙述。9月24日，德丁在致《纽约时报》的电讯中称：

> 由于低沉的云层笼罩着长江下游地区，再加上许多地方下雨，南京昨天因此未遭日军空袭。随着周三日军飞机空袭造成的大部分后果被消除，这座城市的核心公用事业——自来水、电、邮政、电话电报和公共汽车差不多再次恢复正常。……南京的商业活动处于新的低谷。许多店铺关门打烊，老百姓一般闭门不出。外国人的生活也变得复杂。许多食品无法获得。农民不定期地出摊。黄包车越来越少，汽车修理铺被军车占满。

日军空袭南京一个多月后，南京市民的生活已被明显打乱，尽管有几个阴雨天让日军中断空袭，但已给南京的商业造成打击，南京市民面临着食品短缺、交通不畅、公用设施时好时坏的情景，而占满修理铺的军车则给南京空气增添了一分紧张的气息。南京的命运，引来了外国记者更多的关注。

10月7日，德丁发出了题为“12小时之内南京遭到3次空袭”的电讯。他写道：

> 今天，在12个小时之内，中国的这座首都遭到3次空袭。日军成功地使南京这座城市白天的生

活断断续续地陷入了瘫痪。……今天的第3次空袭是自中日战争爆发以来，南京遭到的第53次空袭。

11月12日上海沦陷后，日军不断加大对南京的进攻力度。12月1日，德丁在报道《南京守军在规避陷阱》中，把南京形容为一个“日军的屠宰场”：“日军加紧对一些城镇进行空袭。据说，这些城镇都变成了日军的屠宰场。”

12月6日，德丁报道了南京平民在日军空袭下家破人亡的惨剧，那是一名受伤的丈夫将重伤的妻儿紧紧抱在怀里，却眼看着她们死去的悲凉场景。

1938年1月10日，美国《生活》（*Life*）杂志刊登的照片显示，南京一老人怀抱着被日军炸死的孩子

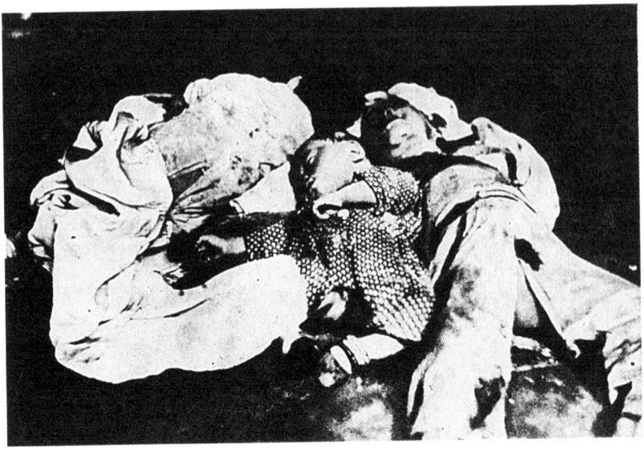

三名儿童在南京评事街被日机炸死

一对夫妇带着两个孩子逃到明故宫门下，被落在明故宫门口的炸弹炸得满身疮痍。丈夫尽管受了伤，但把身负重伤的妻子抱在怀里，眼睁睁地看着妻子和孩子们死去。

德丁不仅报道南京平民被日军炸死炸伤的惨状，也报道西方人士在日军轰炸中受伤的消息。12月6日，他在《日军的轰炸令英国炮舰舰长负伤》一文中写道：

昨天停泊在南京上游至芜湖一线江面的两艘英国船只遭到了日军飞机的轰炸。英国炮舰“瓢虫”

号的海军少校哈里·巴罗负伤。此外，两名英国人——英国籍轮船“大通”号的船长及其夫人受了伤。中国人的死伤人数估计达到200人。

德丁对“瓢虫”号事件的报道，体现了日军对南京空袭已波及第三方的利益。这些西方人士在空袭中受伤的消息刊登在《纽约时报》上，更能引起西方社会对南京局势的关注。

南京地区的英侨财产被日军飞机炸毁

向南京逼近的日军步兵

据不完全统计，自1945年8月15日日军第一次空袭南京起，至12月10日地面部队总攻前夕，共有1000架次日机轰炸南京。而据12月18日日本报纸《东京日日新闻》的报道，“针对抗日作战中枢的首都南京，我海军航空队反复实施了空袭，先后达五十余次，参战飞机总数达900余架次，投下炸弹160余吨。”如此庞大的投弹量，足以想象当年的南京有多少断壁残垣，多少土地变成了焦土废墟。

日军侵占上海后，随即向南京进军。德丁冒着生命危险，深入最前线，对中国守军保卫南京战役进行全程报道，并对中国守军当局的军事指挥作了客观评价。

12月6日，德丁和一位中国助手及三位美国同事，自行驾车冒险深入到汤山最前线，经历了血与火的生死考验。他在报道《中国人为减缓侵略者推进而继续战斗》中写道：

12月7日，星期二，发自南京。昨天，记者近距离观察了前线战斗……在前方1英里远的地方，中国和日本的机关枪手正隔着一条狭窄的山谷进行激烈的枪战。在左侧，双方的炮兵部队隔着一道有三座山峰的山梁互相炮击。在右侧，我们可以听见日军大炮正在从远处炮轰汤山附近阵地的中国军队。

德丁赞扬中国官兵浴血奋战，支持中国守军保卫首都、抵抗侵略的正义战斗。12月7日，他在特电《为拖延敌军的进攻中国军队正在抗战》中，报道了中国官兵在极其艰苦的条件下，无畏战斗、浴血沙场的情景：

广东军两个师因为睡眠不足疲惫不堪，但为了阻止敌军的进攻仍拼死一战……他们在不休不眠、几乎粒米未进的状态下，持续战斗了三天之后，终于在这个村子里休息了一夜。

中国守军向来犯的日军投掷手榴弹

日军迅速推进至距南京城约30公里的汤山镇。这里是中国守军在外围防线中的重点设防地区。12月9日，德丁在报道《日军放火烧山，300名中国人山顶阵亡》中，叙述了他在汤山战场上目睹的一场悲壮血战：

300名中国军人被日军围困在离南京20英里的汤山公路边一座山的山顶，经昨天一整天激战，全体士兵几乎一人不剩。中国军队竭尽全力反击。他们只有自动手枪，弹药很快打完……激战数小时后，日军用轻型炮对准山头轰击。之后，日军放火把树木、灌木丛、草点燃，火焰渐渐迫使受困的中国部队退到山顶，汤山公路边密集的炮火、机枪火力将每一个人置于死地。

12月11日，南京保卫战已到了最激烈、最紧张的时刻。德丁亲眼看到中国官兵誓死保卫南京、誓与阵地共存亡的感人场面。他写道：

某种歇斯底里的情绪在中国城防部队里显现出来。大家都懂得大多数人已被困住，都要牺牲。笔者见到一小股士兵刚刚在街角竖好路障，他们庄严地围成一圈，宣誓与阵地共存亡。……南京战役无疑将作为现代军事编年史上最悲惨的一页而载入史册。

除了对中国军人英勇保卫南京的报道，德丁客观分析了中国国民政府在南京保卫战战略上的失误，对此次战役进行了细致的观察与认真深刻的分析。他认为：

南京被攻占是中国军队遭受到的最严重的失败，也是现代战争史上最悲惨的一次溃败。防守南京的中国军队竟然甘愿自己被包围，然后被有条不紊地屠杀。

蒋介石委员长对此要负很大的责任。因为正是他没有听从德国军事顾问们的一致劝告，也没有听从总参谋长白崇禧将军的意见，便批准进行这场无益的城防战役。

唐生智将军及相关的师长要负更加直接的责任，他们擅离部队出逃，在第一批日军进城后的危急时刻，他们甚至没有进行尽力挽救的努力。

为数众多的中国军人想通过仅有的几个出路逃生是不可能的。他们没有在战略要地部署少量部队抵挡侵略者掩护其他部队撤退，相反，许多将领临阵脱逃，在普通士兵中引起了恐慌。

德丁的这一看法，代表了不少西方记者的观点。他们认为，中国国民政府在军事战略方针上存在严重失误。面对着士气正盛、武器装备战力都远远超过中国军队的数十万日军，中国不应该在南京集结许多兵力，选择在背水临江、进退不便、战场条件极为不利的南京，企图依靠古老的城墙，打一场“太平天国式的南京保卫战”。

德丁指出了日军在进攻南京时采取的大包抄战略，

及中国守军犯下的“大忌”。他在报道《所有俘虏均被杀害》中写道：

日军攻入南京城两周前，就详细预测了南京城陷落的情形。占优势的日军在广德周围和以北地区，与装备低劣的中国军队相持，在攻入首都数天前，日军就突破防线，攻占了芜湖及南京上游长江沿岸各设防点，由此堵死了中国军队向上游撤退的可能性。

然而，中国军事当局却不顾南京的地理地势与兵力、民力等条件，尤其不顾面临的是近代化的战争，是日军最先进的火炮与战机的大规模的轰炸，却主观地想要沿袭中世纪的守城方法，集结兵力于南京城墙内外，打一场单纯防御战，并声称破釜沉舟，下令撤走长江上的所有船只，自断退路，甘心落入敌人的包围圈中。

南京保卫战结束后，德丁更加直接、深刻地总结了中国军事当局在南京保卫战指挥上的诸多错误。他在报道《南京陷落，日军施暴》中鲜明地指出：“中国军队在防守南京时犯了现代军事战略指挥上的大忌”，然后，他具体分析了中国当局在军事战略与防守部署上的致命

1937 年 12 月 17，日军举行占领南京“入城式”

错误与缺陷。德丁首先指出南京城“易攻难守”，然后指出，以南京这样不利于防守的地形，面对的却是具有强大集中进攻能力的日军，“中国将领应该明白侵略者有能力将南京三面包围”——即应能判断强大的日军在进攻南京时，必将从南京的上游与下游两个方向占领长江南岸，从而三面包围南京。而日军“也确实是这么做的”：日军先行占领了南京上游的芜湖与下游的镇江等地，“得以压迫南京，并以半圆形围住除临江一面的南京城的各个方向”。而中国军队“依靠长江作为逃生通道是不明智的。尽管南京下游有江面封锁线阻碍航道，但在日本陆军攻城的过程中，日本舰队最终会驶抵下关的江面，致使中国军队不可能渡江退往北岸”。然而，中国军事当局在南京的防守部署中，恰恰犯了兵家大忌，无视南京的地形，不顾中、日两军在力量上的悬殊，却以南京城区为中心，层层设防，被动防守，不留后路，从而陷入被四面包围的可怕境地。德丁认为："在力图防守南京的过程中，中国军队的战略地位是没有希望的，这可以从战役及城市被攻占的各细节显露出来。"

当时，中国守军在南京大体上建立了两道防线。第一道防线是南京的外围防线，第二道防线是以古老的南

南京周围的中国炮兵阵地

京城墙为依托的内廓防线，两道防御工事都显得粗糙、脆弱、被动、保守。德丁报道说，这些守军既有中央军，又有广东、湖南、广西的地方部队，编制混乱，指挥不一，装备落后，且多是从上海战场溃退下来，损失严重。在守军部队中，竟还有一些不谙世事的娃娃兵。1937 年 12 月 7 日，他发出电讯《中国人为减缓侵略者推进而继续战斗》：

> 汤山一带的兵营里有很多男童。这些小家伙年龄大约在 10 至 12 岁，身着正规军服，在部队干着传令兵、搬运工和伙夫等工作。有时他们也上到最前线，但他们似乎把这场战争当作一次游戏玩。

不利的地形，粗糙脆弱的防御工事，落后的装备，混乱的编制使守军缺乏威望、缺乏实力、缺乏赢得现代战争的能力，面对具有强大攻击力的日军，中国守军方面尽管有爱国热情，但守城难以持久是必将出现的情景。然而南京卫戍司令部军事当局却对 10 多万守军的安全撤退缺乏有远见的、切实可行的准备工作，而寄希望于不切实际的“与城市共存亡”的空洞口号。德丁写道：

中国守军指挥官完全清楚中国军队肯定会被包围在南京城墙之内——犹如瓮中之鳖。而日军则以陆、海军的大炮及飞机将他们炸成碎片。但中国将领仍自愿地将部队置于这种背水一战的境地，显然要以中国人崇高的英勇行为让日军攻占南京时付出最高代价。

在围城之前，中国守军司令官唐生智将军及其手下的各师指挥官就已经发表声明，中国守军从未考虑过撤退。这些声明是诚心诚意的，这也表明了中国守军指挥官的决心：誓死保卫南京。

德丁在这里所指的唐生智在战前所发表的声明，是指 1937 年 11 月 27 日唐生智通过报刊发表的谈话。在这个谈话中，唐生智发出了“本人及所属部队誓与南京城共存亡”的响亮口号，以此激励全军将士与进攻的日军誓死拼搏，绝不后撤，为保卫南京流尽最后一滴血。对此，拉贝先生在 1937 年 12 月 8 日的日记中写道：“我担心的是，守城的唐将军可能会毫不留情地献出他手下的士兵和平民百姓的生命。”果不其然，唐生智在下达“大部突围、一部渡江”的撤退命令后，于 12 月 12 日夜里 9 时率幕僚秘密地登上一艘货轮，驶往浦口。但是，撤退的组织工作十分混乱，信息不畅，许多正在与日军殊死作战的部队未得到撤退令，继续在原阵地上进行最后的战斗，而江北又没有船只可以渡江，他们的结局只能是被包围、被消灭、被俘虏、被杀害。德丁在1938年1月9日的报道《中国指挥官逃走，日军暴行标志着南京的陷落》中批判道：

整个战役最不光彩的一幕是，中国将领缺乏勇气将他们一再宣称的鲜明意图实施到底。当日军突破西南部城墙时，日本陆军包抄过来，日本舰队也在逼近。挹江门这条后路的门还开着，唐将军及其心腹便出逃了，丢下他的下属军官，任群龙无首的部队在无望的形势下挣扎，这些情况从来就没有向他们解释过。

诚然，蒋委员长不应该铸成如此大错。唐将军当然也应该就引发这场他不能坚持到底，或者，充其量因指挥得极差并导致重大牺牲的战事而受到严厉的指责……

南京之战对作战双方均无荣耀可言。

12月15日，《芝加哥每日新闻报》刊发了斯蒂尔

"All the News That's Fit to Print."

The New York Times.

LATE CITY EDITION

NEW YORK, SATURDAY, DECEMBER 18, 1937.

HOUSE BLOCKS WAGES BILL, RETURNING IT TO COMMITTEE; SOUTH DESERTS ROOSEVELT

VOTE IS 216 TO 198

Southerners and Republicans Doom Bill for Present, at Least

Senate Passes Farm Bill, 59-29; Garner Shuts Off Debate at End

60 PICKETS JAILED FOR 30 TO 90 DAYS IN AUTOMAT STRIKE

U. S. NAVAL DISPLAY REPORTED LIKELY UNLESS JAPAN GUARANTEES OUR RIGHTS; BUTCHERY MARKED CAPTURE OF NANKING

ALL CAPTIVES SLAIN

Civilians Also Killed as the Japanese Spread Terror in Nanking

Writer Tells of Machine Gunning By Japanese Planes and Launch

ROOSEVELT ACTIVE

Consults Admiral Leahy on Condition of Fleet and Meets Cabinet

HALT CODE SESSION PENDING A HEARING

COURT ENDS INQUIRY ON AUTO FINANCING

SURVIVORS' ARRIVAL AT SHANGHAI IS SAD

TOKYO DELAYS NOTE FOR A NEW INQUIRY

Valentine Asks Police Neutrality in Strikes; Assails Strikebreakers and False Leaders

1937 年 12 月 18 日《纽约时报》头版报道南京大屠杀消息

的报道《日军杀人盈万》，成为世界上第一篇报道南京大屠杀的新闻。但是，在世界舆论上起到更大作用的，则是《纽约时报》的报道。三天后的 12 月 18 日，《纽约时报》在头版刊发该报驻南京记者德丁发自上海的报道，题为“南京沦陷以屠杀为标志”，小标题有“所有俘虏均遭杀害”“日军在南京扩大暴行，平民亦遭屠戮”“美国大使馆遭袭击”。德丁在标题中使用了“butchery（屠杀）”一词，对南京大屠杀最初三天的情况做了详细报道。

身在血腥的南京城，德丁从亲身经历出发，写的都是亲眼看到、亲耳听到的日军暴行。在12月18日的报道中，德丁对南京沦陷后的总体情况作了如下描述：“大规模的抢劫，强奸妇女，屠杀平民，将中国人赶出家园，集体屠杀战俘，强迫壮年男子做苦工等暴行，使南京成为一座恐怖之城。”

德丁首先叙述的是平民遭到杀害的惨状。他指出：

> 屠杀平民的现象极为普遍。周三的时候，几个外国人在南京城内转了一圈，发现每条街道上都有平民的尸体。很多遇害者都是老人、妇女和儿童。
>
> 警察和消防队员是日军重点袭击的目标。很多遇难者都是被日军用刺刀刺死的，从诸多伤者的伤情看日军手段极其残忍。
>
> 傍晚之后，任何在大街小巷上走动的人，因为

日军将安全区内维持秩序的中国警察及难民押往屠杀场地

害怕或者因为激动而在街道上跑的人，都会被打死。外籍人士目睹过很多起这样的例子。

德丁还描述了他目睹的日军大规模处决中国战俘的情形：

大规模处决战俘更给日军占领后的南京添加了恐怖气氛。在处决了放下武器投降的中国士兵之后，日军开始在城内老百姓中间大规模搜捕那些有脱掉军装嫌疑的中国人。

在安全区内的一栋建筑内，约有400人被抓走。他们被集中在一起，50人绑在一起站成一排，日军在他们面前架起机枪扫射，大规模地处死……

成千上万的中国俘虏被日军处决。绝大多数混进安全区的中国士兵也被搜捕出来处决。日军在城市里挨家挨户地梳理和搜捕那些身上有背包印或其他曾经有可能是军人的中国人。搜捕出来之后，日军将这些人集中并集体处决。

德丁还将他和其他记者们登船离开上海之前看到的处决场景给读者作了描述：

记者在登上开赴上海的轮船的前一刻，在江边马路上看到两百个男子被屠杀。屠杀只花了十分钟。日本兵使男人们在墙壁前排成一列，加以枪杀，然后许多拿着手枪的日本兵，乱七八糟地在中国人尸体周围毫不在乎地用脚踢，如果手脚还有动的，就再给一枪。

……

很多人在发现的现场就被杀死了，其中也有与军人毫无关系的人，有伤兵和普通市民。15日，记者在12个小时中，就三次目击集体屠杀俘虏。有一次是在交通部附近防空壕那里，用坦克炮对准一百余中国士兵开炮屠杀。

屠杀与抵抗并存，烧杀淫掠并行。侵占南京后，日军以“就地征发”的名义，几乎将整个南京城彻底洗劫了一遍。他们疯狂地抢掠，不分对象，不分区域，无论

Soldiers and civilians were tied in groups of fifty and executed by the Japanese Army, angered by house-to-house fighting inside Nanking. The bodies above have been dead some time. Notice telephone pole and wires lying across the men in foreground. Japanese soldiers in background are using the carts for systematic looting of shops, chiefly for food. Unusual in a well-disciplined army like Japan's, the organized looting of Nanking would indicate that the Japanese Army commissariat needs food more than prestige.

1938年1月10日发行的美国《生活》杂志刊登了照片《在南京市内搬运物品的日本兵》

美国人创办的金陵大学中国文化学院遭劫后的情形

民居、商店、医院或是安全区，但凡日军所及之处，大多十室九空。

作为美国主流报刊的记者，德丁留意在南京的美国资产，对日军劫掠美国机构和侨民的财产做了详细报道。他在12月18日《纽约时报》的报道中，专门就安全区内的美国财产鼓楼医院被劫写道：

美国人办的金陵大学医院（鼓楼医院）的工作人员被抢去现金和手表。护士宿舍里的物品也被抢劫，抢走了一切随身携带的东西。美国人办的金陵女子文理学院的教师住宅被日本兵闯入，拿走食品和值钱的财物。

鼓楼医院和金陵女子文理学院的建筑物上都悬挂着美国国旗，门上张贴着美国大使馆用中文写的官方布告，写明美国人拥有这里的产权。

日军肆意侵犯美国财产的行为，一直持续到1938年1月美国外交官重返南京之时。1938年1月8日，德丁从汉口发出电讯《日军占领南京以来美国财产遭抢夺》，副标题为“美国使馆官员调查并报告众多建筑物遭细节”，此时是美国外交官返回南京两天之后，报道援引了美国驻南京使馆三等秘书爱利生向美国驻华大使詹森的报告。德丁在报道中首先写道：

日军占领南京以来，美国在该市的财产普遍遭受掠夺。……美国房屋受到轻微损坏，但屋内许多东西遭掠夺，尤其是那些无人守卫的财产。三等秘书詹金斯的家被洗劫一空。

作为中立国外交官的财产无法幸免，那么中国百姓的财产就更难逃日军魔掌。在日军持续六个星期的有组织的抢劫过程中，抢劫的对象首先是居民住宅，南京城内各街巷门户遭日军闯入，室内物件被掳掠一空，到处乱窜的日军还向碰到的中国人强取豪夺。日军劫掠的对象十分广泛，除了居民，还有机关、学校、工厂、仓库、店铺等，劫掠的财物有钱财、粮食、牲畜、首饰、衣服、被褥、古董、字画、香烟、鸡蛋、钢笔等物品，只要能拿走的均被掠。正如英国《曼彻斯特卫报》记者田伯烈记载，“我每见到他们部队移动时，后面必定踢踢踏踏跟着许多破汽车，烂的人力车、牛车、小车和驴子，都满载着，外面拿油布遮住，这掩耳盗铃的办法是欺蒙不了众人耳目的，谁都晓得这都是抢来的贼赃！”

据 1937 年 12 月 18 日《纽约时报》所载，德丁不仅专题报道美国财产遭劫的状况，还详细描述日军抢劫中国人的情景：

> 日军的抢劫已经达到洗劫全城的程度。几乎每一座房子都被日本兵闯进去，并且经常在军官的眼皮底下随心所欲地抢东西。日本兵还逼中国人挑运他们抢来的物品。
>
> 首先抢的是食物，其他有用或值钱的东西也一一遭劫。特别不光彩的行径是大规模抢劫难民的

钱财，经常把不幸的难民的全部家当洗劫一空。

面对日军满城的洗劫，谁要抵抗，谁就会遭到杀害。德丁指出：“一旦日军完全控制一个区域，士兵便接到可以洗劫区内房屋的命令。住在屋子里的人也遭抢，只要抵抗就被打死。”

除了疯狂地劫掠财物，日军还进行野蛮的“性掠夺”。在 1937 年 12 月 18 日的报道里，德丁提到了日军对鼓楼医院的抢劫，指出：“除了屠杀与抢劫，日军疯狂奸淫中国女性，特别是频繁骚扰安全区，掳掠安全区内的女难民。”

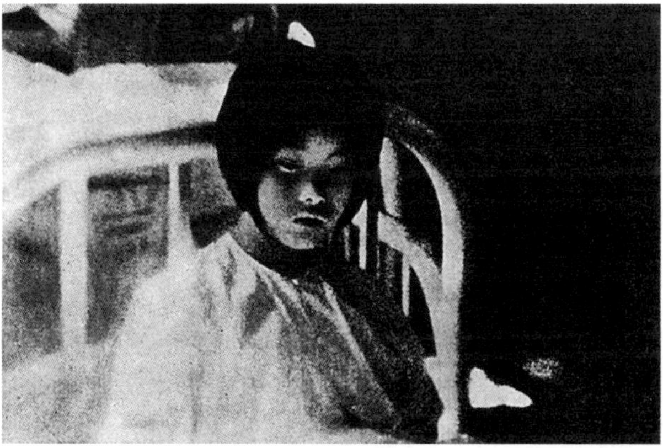

南京鼓楼医院收治的遭日军轮奸致病的 16 岁少女

对于日军“性掠夺”的兽行，德丁在1938年1月9日的报道中写道：“中国妇女被任意凌辱，美国传教士目睹许多妇女从难民营被劫持走并遭到强奸的案件。”

这些被日军劫走的女性，有的事后回到难民营，有的被送往鼓楼医院，更多的从此杳无音讯，她们的命运，是整个日本侵华战争期间许多中国女性悲惨命运的缩影。

但是，中国人民并没有被日军的暴行所吓倒，相反，穷凶极恶的侵略者激起了中国人民不屈的抗争。1937年12月22日，德丁给《纽约时报》寄去一篇题为“南京陷落，日军施暴”的长篇报道，详细描述了南京沦陷后的情形。1938年1月9日，《纽约时报》以整版刊出这篇报道。德丁指出，日军的暴行是一种“污点”：

> 对于日军而言，攻占南京具有至高无上的军事和政治意义。不过，他们的胜利却因为其野蛮残忍和大规模地屠杀俘虏、掳掠全城、强奸妇女、虐杀平民及肆虐破坏而黯然失色。所有这些丑行都将在日本军队和日本国家的名誉上留下污点。

德丁认为，日军在南京的暴行，不仅不能威慑与征

New York Times (1857-Current file); Jan 9, 1938; ProQuest Historical Newspapers The New York Times (1851 - 2005)
pg. 38

THE NEW YORK TIMES, SUNDAY, JANUARY 9, 1938.

Japanese Atrocities Marked Fall of Nanking After Chinese Command Fled

NANKING INVADERS EXECUTED 20,000

THE CONQUERORS RAN WILD

CHEERING JAPANESE AFTER NANKING'S FALL

1938年1月9日，《纽约时报》整版刊发长篇报道《南京陷落，日军施暴》

服中国政府和中国军民，反而打破了一些中国人的胆怯与幻想，激起中国人民日益强烈的仇恨与反抗，激起越来越多的中国人投入到抗日救亡的斗争中去。他在报道《所有俘虏均遭屠杀》中就指出：

> 劫掠南京，杀害民众，日军的所作所为在中国人民的心里深深埋下了仇恨的种子。这种仇恨的种子日积月累，将长成为各种形式的抗日意志，也许将持续若干年。

南京安全区，是留守南京的五位西方记者共同关注的区域，因为那里有与他们一样放弃撤离而坚守岗位的同胞，其中绝大多数是美国人。马吉、魏特琳、贝德士、威尔逊……他们的名字，多次出现在美国记者的报道中。德丁高度评价美国传教士、教授、医生在南京大屠杀期间义无反顾地投入到人道主义救援的行动中，多次报道他们身上表现出来的人性光辉与正义勇气。南京安全区的国际人士救助难民的事迹，不仅感动着德丁，也成为德丁笔下重要的新闻素材。他的许多有关南京大屠杀的新闻稿，信息来源便是身在南京的美国传教士所写的书信、日记、报告。

1937 年 12 月 18 日，德丁在题为“外国人在南京的作用得到提升”的报道中介绍了南京安全区国际委员会的成员与职责，称安全区发挥的作用是“独一无二”的：“尽管自己的生命经常遭受炮弹和轰炸，以及蛮横的日本士兵的威胁，但自日军围城以来一直留在城墙之内的一小群外国人扮演了独一无二的伟大的人道主义者角色，发挥了重要的政治影响力。”

四天后，他在通讯《南京陷落，日军施暴》中介绍了安全区内外籍人士的情况，并赞赏西方侨民在日军攻城期间的卓越贡献，他认为：“如果没有提及留在城里的外国人所起的作用，对南京攻城战役的描述便不算完整。”

日军将五名西方记者“礼送”出境后，随即发布了严格的戒严令，任何人不得随便出入南京，南京的对外消息渠道被切断。金陵女子文理学院的美籍教授魏特琳

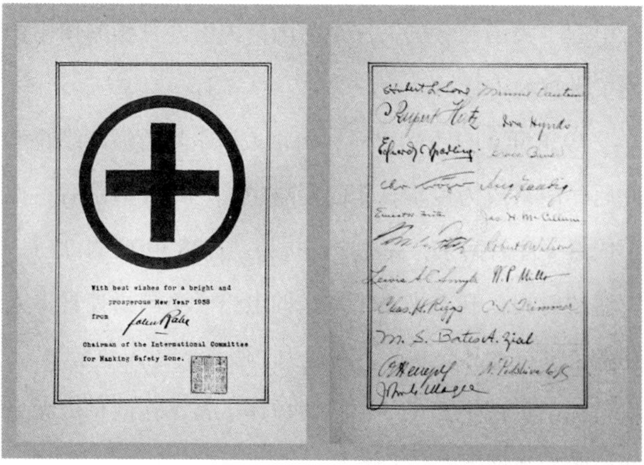

1938 年元旦，22 名留在南京的欧美人士在新年贺卡上的签名贺卡正面印有安全区徽标图案

女士在日记中写道："我们被关在南京37天，没有外界的消息，也没有机会送出信息。"留在南京唯一的外科医生威尔逊说："记者们离开的那天情况就已经糟透了，但是两天之后的情况更甚，如果记者们再多待两天，他们的新闻报道中会有更多关于恐怖事件的细节"。战后，德丁在接受日本研究南京大屠杀史的著名学者都留文科大学教授笠原十九司采访时曾说："关于安全区，安全委员会的记录比我的准确。因为我在日军攻占后仅停留了三天。同我相比，他们在安全区停留的时间更长。"

德丁对南京大屠杀惨案的早期报道，虽然集中在南京大屠杀发生的最初三天，但他的报道使南京大屠杀暴行引起了美国社会的关注，为南京大屠杀真相的传播作出了卓越的贡献。

1938年1月下旬以后，南京大屠杀暴行逐渐终止。此后，南京成为侵华日军的侵略中心。离开南京后，德丁依然关注着南京，关注中国抗战。1938年11月27日，《纽约时报》刊登了德丁发送的电讯《美国指控日本人在南京进行毒品交易》，副题为"吸毒成瘾人数增加"，报道援引贝德士提供的消息，描述了日军在南京肆无忌惮地贩卖和推销毒品的情况。

南京1/8的人口，即5万人正慢慢遭受海洛因的毒害。这些海洛因是由日本人操控的销售网络提供的。这些隶属于日军或与日军结伙的毒品交易商每个月在南京地区至少实现500万元的交易额。

包括未成年人在内的5万人因染上吸食海洛因的恶习而丧失劳动能力，这一数字还不包含数千名抽鸦片及服用其他麻醉品的人。

1945年9月，中国人民在抗日战争暨世界反法西斯战争中取得了胜利。9月9日，在南京举行了中国战区日本投降签字仪式。南京受降，使南京再次成为世界媒体的焦点。德丁随着盟军，回到了当初留守过的南京，这一次，他以战胜国记者的身份采访与报道南京受降仪式，见证了南京的胜利荣光。

9月3日，德丁在南京发出电讯稿《日本人继续控制着南京》，副标题为“夹杂在5万日军中的中美军队等待日军投降”。他在这篇报道中，将战前的南京和现时的南京作了比较，指出：

从气氛和精神上看，南京与记者本人1937年看到的情形大不一样。当时南京是中国军队抵抗日本侵略的中心。南京依然残留着日军占领后的恐怖、悲伤、死亡和暴力的痕迹。

抗战胜利后，南京虽然成为“受降之城”，但仍然驻有5万余日军，与战前相比南京的面貌可谓今非昔比。9月6日，《纽约时报》再次刊登德丁发自南京的报道，题为“南京更多的地方被中国军队占领”，称：

今天，美国第四航空大队的运输机开始陆续把中国新六军运往南京机场。……历经8年的苦难，屈身日军统治的南京，现在已经变成了一个冷冷清清、又脏又乱的城市。它的人民变得穷困潦倒，精神变得压抑，战前的生活方式基本上被遗忘。

日本人的凶残、宣传和奴化教育已经深深地烙入南京大多数人的记忆之中。再加上卖国贼的腐败、无耻的投机主义，这些都给南京留下了道德扭曲、宗派横行、政治和社会观念扭曲的后遗症。这些可能会数年不散。

从德丁对南京的报道中可见，他并没有完全陶醉在狂欢与鲜花美酒之中，而是冷静地将笔头对准了被日军

1945 年 9 月，新六军进驻南京城

统治的八年对南京造成的伤害。他的报道遵循实际，不因中国是战胜国而对中国的胜利大加渲染，客观报道了5万多日军仍然控制着南京的客观局势，更把日军带给南京人民的物质损失和精神创伤写入报道。这在西方记者关于南京受降的报道中，是非常难得的。

二战期间，德丁基本在中国从事新闻采访工作。从南京到上海，再从上海回到南京，他见证了中国抗战最艰难、最悲惨的时刻，让南京大屠杀的讯息通过《纽约时报》的巨大影响力让美国社会知晓，也见证了中国人民取得最终胜利的喜悦情形。因为有他对中国抗战的连贯报道，丰富了《纽约时报》中有关中国抗战的信息。

20世纪70年代，德丁担任《纽约时报》香港站站长。1971年中美关系解冻后，他成为首批获准进入中国内地采访的美国记者之一，随美国乒乓球队访问中国，见证了具有历史意义的中美乒乓外交。1937年，德丁将南京大屠杀的真实讯息从被日军封锁的南京带出。34年后的1971年，他再次将中国的真实情况带给全世界。此后，他又到中国大陆访问，并于1985年受到邓小平的接见。

20世纪80年代，中日关系出现了一股不协调的声音。1982年，在中日邦交正常化10周年之际，日本文部省通过修改后的历史教科书，将“侵略中国”改为“进出中国”，淡化侵华历史，引起了中国政府和人民的强烈不满。战后，日本各地还为二战元凶立碑，宣传其“事迹”。针对日本右翼在历史问题上的倒行逆施，而中国国内却缺乏对抗日战争历史的宣传与研究的状况，邓小平指出，岸信介（战时曾在伪满洲国担任要职，后入东条英机内阁，战后被定为甲级战犯，后获释。1957年、1958年两度出任日本首相，是安倍晋三的外祖父。）要搞满洲建国之碑……我们就要到处搞日本侵略之碑，以教育广大人民，教育子孙后代。在中央支持下，南京市启动了建馆、立碑、编史三项工程，选定江东门“万人坑”

遗址为建馆馆址。据史料记载，“1937年12月16日傍晚，日军将我被俘的解除武装士兵和平民万余人，集体屠杀于江东门集市。当时，遗尸遍地，盈街塞道，且蔽满江东门河面，惨不忍睹。数月后，天暖尸腐，始由当时的南京慈善团体收尸万余具，掩埋于就近的两大坑内”。1985年8月15日，在抗日战争胜利40周年之际，侵华日军南京大屠杀遇难同胞纪念馆正式建成开放，吸引了海内外各界人士参观。

1988年6月，纪念馆迎来了一位特别的客人，那就是当年身居南京，报道南京大屠杀的德丁先生，此时，

1988年6月，德丁先生（中）在参观侵华日军南京大屠杀遇难同胞纪念馆

他已是一位退休的老记者。德丁参观了纪念馆的基本陈列，并在现场留下了参观的照片。同年7月，他在美国《圣地亚哥联盟论坛报》（*The San Diego Union-Tribune*）上发表了一篇参观感言，称最近开放的一家博物馆展示了1937年12月日军占领当时中国首都南京之后的兽行，在南京大屠杀中有30多万遇难者。中国希望这段历史能够保存下去。

德丁的一生，始终坚持对华友好，堪称中国人民的老朋友。他三次来到南京，见证南京的黑暗、荣光与新生，每一次都是重要的时间节点。他始终坚持正义的立场，秉持客观公正的职业道德。他对南京大屠杀真相的揭露与传播，对南京人民遭受日军伤害的同情与关注，对新南京的关切与支持，都值得我们铭记。

1998在7月7日，德丁在美国病逝，享年91岁。

阿瑟·孟肯：

目击南京的恐怖景象

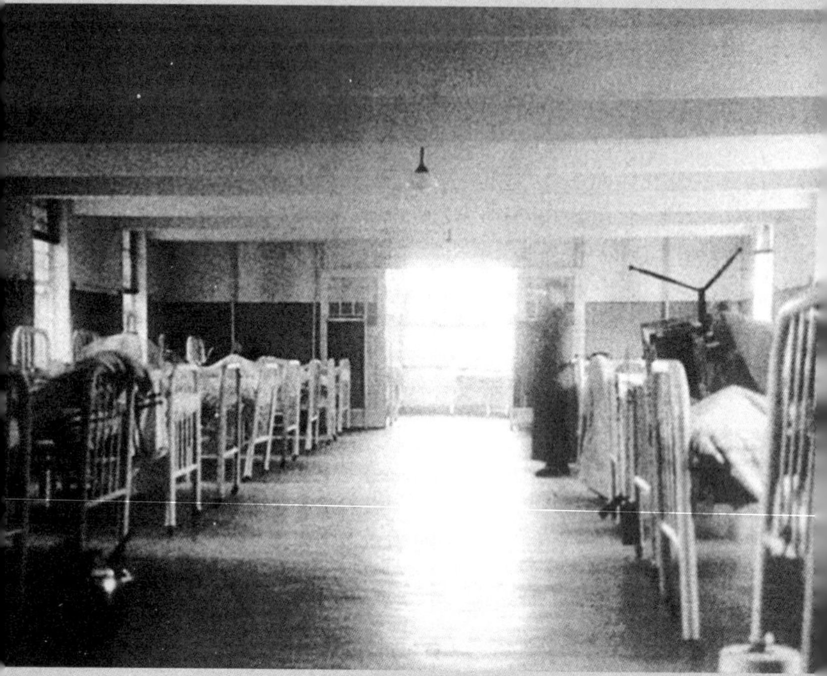

1938 年初，美国牧师福斯特拍摄的南京鼓楼医院病房内景

阿瑟·冯·布里森·孟肯（Arthur von Briesen Menken），1903年出生于美国纽约。1925年，毕业于哈佛大学。他游历广泛，爱好冒险，曾开车穿越阿拉伯沙漠，去南美探险。1936年7月，西班牙爆发内战，孟肯赴西班牙采访，开始了战地记者的生涯。

1937年7月7日，日军制造卢沟桥事变，发动全面侵华战争。此后的半年里，日军侵占北平、天津、上海、无锡、苏州、常州等地，迅速逼近国民政府首都南京。东方的战况吸引了孟肯的关注，他来到中国，跟踪报道日本侵华战争。随着华北与华东多个城市逐渐陷落，孟肯将报道的焦点指向南京。12月12日，日军蓄意炸沉美国军舰"帕奈"号时，孟肯拍摄了"帕奈"号被炸沉的场面。

南京沦陷后，孟肯仍然留在南京，与德丁等同行一起战斗在新闻最前线。他目睹日军对美国大使馆的破坏与抢劫，与德丁一起将闯入美国使馆厨房的五名日军士兵赶出去。

12月15日，孟肯乘坐美国军舰"瓦胡"号，与斯蒂尔、德丁等同事一同离开南京。在舰上，他立即将电讯稿发往美联社。美国时间12月17日，《芝加哥每日论坛报》（*The Chicago Tribune Daily*）第4版刊登了他的稿件，题为"目

Chicago Daily Tribune (1872-1963); Dec 17, 1937; ProQuest Historical Newspapers Chicago Tribune (1849 - 1986) pg. 4

CHICAGO DAILY TRIBUNE: FRIDAY, DECEMBER 17, 1937.

WITNESS TELLS NANKING HORROR AS CHINESE FLEE

Shed Uniforms in Effort to Escape Death.

BY ARTHUR MENKEN.

Japs Push Forward on New Battle Line

WIDOW OF PANAY VICTIM OFFERED REGRETS BY JAPS

PEKING IS NOT PEIPING UNDER JAPANESE RULE

SUBSCRIBE FOR THE CHICAGO TRIBUNE

Jap Inspired Government Takes Tientsin Customs

1937年12月17日，《芝加哥每日论坛报》刊登的孟肯对南京大屠杀的报道

击者描述中国军队溃败时南京的恐怖现象”。

《芝加哥每日论坛报》，是美国重要报纸之一，在美国第三大城市芝加哥出版，创办于1847年。1855年，

约瑟夫·梅迪尔（Joseph Medill）及其五个合伙人收购该报，并购入蒸汽印刷机，使印报效率大为提高，报社得到迅速发展，后成为芝加哥市第一大报。

在报道《目击者描述中国军队溃败时南京的恐怖现象》中，孟肯首先叙述他眼中的恐怖南京，称："一度为古老中国骄傲的首都南京，今天遍布着在轰炸、炮击、激烈战斗中丧生的卫戍军人和平民的尸体。"

在南京大屠杀极端黑暗的时期里，安全区的人道主义救援闪烁着人性的光辉。孟肯特别提到了照料伤员的三位传教士，他们分别是"来自加州洛杉矶的伊娃·海

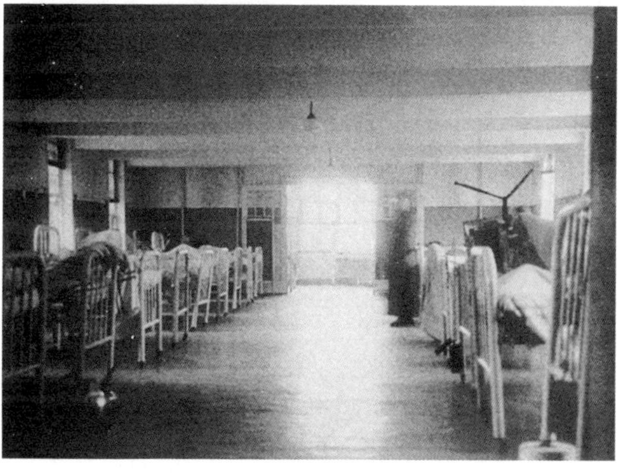

1938 年初，美国牧师福斯特拍摄的南京鼓楼医院病房内景

因兹小姐、新泽西州长谷的 C.S. 特里默医生和加州桑地的罗伯特·O. 威尔逊医生”。海因兹是鼓楼医院的护士，特里默和威尔逊是鼓楼医院的医生。

鼓楼医院，一座在巨大战争灾难中收治大量伤员的教会医院，创建于 1892 年，最早为加拿大籍医学博士威廉·爱德华·麦克林（William E. Macklin，又译作威廉·马林）创办，又称“马林医院”、“基督教会医院”。1914 年，改为金陵大学鼓楼医院，是南京创办最早、规模最大的一家新式西医医院。1937 年 11 月底，鼓楼医

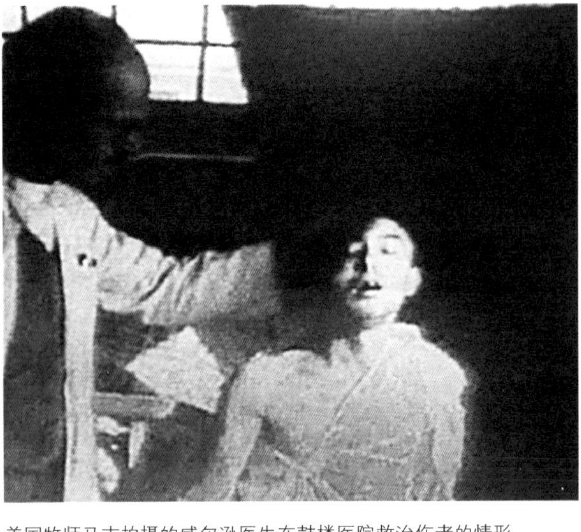

美国牧师马吉拍摄的威尔逊医生在鼓楼医院救治伤者的情形

院的院长谈和敦（J.H.Daniels）与多数中外籍医护人员被迫撤离南京，只有包括五名美籍医护人员在内的二十多人留院工作。南京沦陷后，鼓楼医院的中、美医护人员抱着人道主义的崇高精神，在日伪政府的政治高压与经济封锁下，一直为救护难民与伤病人员而艰难工作，他们是孟肯等西方记者高度赞赏的白衣天使。

罗伯特·威尔逊（Robert O.Wilson），中文名韦如柏。1906年10月生于南京的一个美国传教士家庭，自幼在南京长大。1933年毕业于哈佛大学医学院并获博士学位。1936年，他来到南京鼓楼医院工作。

1937年12月，他留守南京，担任国际红十字会南京委员会委员，成为南京城唯一的外科医生。在缺乏水电供应的艰难条件下，威尔逊日以继夜地救治李秀英等遭日军枪击、刺伤、强奸的中国受害者，并撰写日记记录日军暴行。1946年，威尔逊作为南京大屠杀案起诉方证人，在远东国际军事法庭上出庭作证日军的暴行，其宣誓证词被列为东京审判书证第204号。

伊娃·海因兹（Iva Hynds），1895年毕业于明尼苏达州圣保罗护士学校，曾在洛杉矶当护士。1924年，她到南京鼓楼医院担任护士。1937年12月南京沦陷后，海因兹仍留在南京，在鼓楼医院救护难民，照顾新生婴儿。

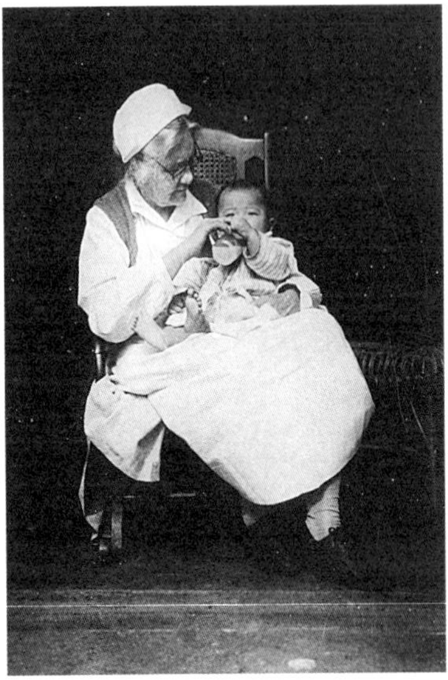

67 岁的鼓楼医院美籍护士伊娃·海因兹在照顾孤儿

克里福特·特里默（Clifford Sharp Trimmer），中文名屈穆尔。1891 年 2 月生于美国新泽西州，1918 年获宾夕法尼亚大学医学博士学位。1922 年来到中国，在鼓楼医院任内科医生。南京大屠杀期间，他留守南京，在鼓楼医院救治伤员。

在南京保卫战和南京大屠杀发生后，中国守军不仅英勇抗敌，还保护身边的战地记者。孟肯对中国军人的顽强精神和无畏壮举表示敬佩，感激中国军人对西方记者的掩护。他在报道《发现二等兵牺牲》中，描述了一个感人的细节：

对我来说，南京城陷之际，未被颂扬的英雄是位无名的中国二等兵。他的行为也许救了我和来自德克萨斯州的《纽约时报》记者提尔曼·德丁的命。我们在中央饭店附近的中山路上行走，这位二等兵示意我们到路边去，他正和一群士兵进行最后的抵抗战斗。我们弯腰钻进安全地带后，日军的坦克在街上隆隆驶来，机枪喷着火舌。坦克走后，我们发现二等兵和他的战友都倒在街头牺牲了。

离开南京后，孟肯投入到了对中国抗战与太平洋战争的报道中。他还加入美国海军，成为海军陆战队航空兵少校。战后，他供职于美国政府。

1973 年 10 月 10 日，孟肯在意大利佛罗伦萨的寓所中逝世，享年 70 岁。

莱利斯·史密斯：
南京城内唯一的欧洲记者

12 THE TIMES SATURDAY DECEMBER 18 1937

AN EYE-WITNESS IN THE PANAY

DELIBERATE ATTACK BY AIR

SURVIVORS MACHINE-GUNNED IN SHIP'S BOAT

HEROISM OF AMERICAN SAILORS

Mr. C. M. McDonald, our Special Correspondent recently in Nanking, has now reached Shanghai, and sends a vivid account of the sinking of the American gunboat Panay by Japanese aeroplanes last Sunday.

Our Correspondent and Mr. Eric Mayell, of the British Movietone News, who made a film record of the bombing, were the only British subjects on board the vessel at the time.

The dispatch makes it clear that the Panay was repeatedly bombed from the air; that the crew, some of them wounded, were machine-gunned when they were escaping ashore in the ship's boats; and that, in spite of Japanese denials, the Panay was fired on from a motor launch and boarded by a party of soldiers.

Mr. Macdonald, who has been the only British newspaper correspondent in Nanking for the past month, has also sent a dispatch describing the scenes in the capital during the final Japanese attack, and the looting and wholesale executions by the conquerors after their entry.

THE FIRST BOMBS

GUNBOAT'S OFFICERS WOUNDED

From Our Special Correspondent

SHANGHAI, Dec. 17

After a trying voyage up-river on account of reckless shelling from the shore, the Panay anchored at 11 a.m. on Sunday, December 12, in a broad stretch of the Yangtze, 28 miles above Nanking. The weather was clear, sunny, and still. When Japanese aeroplanes appeared an hour and a half later, flying high, there was no thought of danger in anybody's mind, but the attack that immediately followed left no doubt of its purpose—a deliberate and systematic attempt to destroy the gunboat and all on board.

The first bomb, dropped at 1.38 p.m., struck the forward gun on the main deck, snapped the mast in half, wrecked the

places, was slowly settling by the starboard bow. The order was given at five minutes past two to abandon the ship. Lieutenant Anders, the chief executive officer, unable to speak because of a wound in the throat, chalked on the deck, "Leave the ship. Send the boats back. Stay near the shore."

THE SHIP ABANDONED

The bombing and machine-gun attacks continued, but no time was lost in getting the wounded away in two small boats. The first boat to leave was machine-gunned when halfway to the shore. Five men were wounded, including the storekeeper, Ensminger, who died the same night at Hohsien. Ensminger had been slightly wounded on board the Panay, but the new injury proved mortal.

Each boat made several trips between the ship and shore, a distance of nearly a mile. Being one of the uninjured I was among the last to leave. Owing to the heavy load, the boat began to make water through a couple of bullet holes near the stern. I was compelled to bale out with a tin hat to keep her afloat, while stuffing my handkerchief into the nearer hole.

the water close to the launch. Billowing clouds of smoke obscured the clear winter's moon.

Upon arrival at the hamlet the survivors were reorganized. Stretchers were improvised from the doors of pig-pens and the like, and coolies were engaged as bearers for the five-mile tramp into the walled town of Hohsien, where the Magistrate had already been warned of our coming by Mr. J. Hall Paxton, Second Secretary at the American Embassy in Nanking, who had hurried ahead, in spite of an injured leg, in the hope of getting news to the world of our plight before the town was attacked by Japanese troops.

The journey to Hohsien was another ghastly experience. The wounded were hurried through the freezing night air along the banks of the creek. About halfway there the alarm was raised, and Chinese police ordered the party into the reeds again, while two junks flitted silently down-stream. Eventually the gates of Hohsien was reached about midnight, but it was nearly dawn before the last of the wounded was carried into the derelict hospital on the hill above the shrouded town. There the ship's surgeon, Dr. Grazier, again worked without rest to relieve their sufferings.

Hohsien had been thrice attacked by Japanese patrols and the town was under martial law. The next day there was a series of air-raid alarms, culminating in three visits by Japanese aeroplanes which swooped down low over the hospital towards dusk.

THE RESCUE

Owing to the danger of attack we decided to push inland. The wounded were again carried through the little medieval town and placed in open junks for a 20-mile canal journey to Hanshan, the first town of any size outside the area of probable hostilities. The other survivors lay down in the bottom of the boats, eking out their scanty coverings with straw. After 10 hours in the freezing air, almost without food, we reached Hanshan the next morning, and there received the welcome news that Rear-Admiral Holt had arrived off Hohsien in the British gunboat Bee. After resting, the wounded eating their first square meal since coming ashore, we made the return journey to Hohsien in better spirit.

The convoy arrived back at Hohsien just before 10 o'clock, and nothing can efface the glow of pleasure with which we heard Rear-Admiral Holt welcome us out of the darkness. Soon we were all bound for the British and American gunboats which were waiting for us off Hohsien. We were making our last tramp along the sinister creek, and it was not long before we were back among the decencies and humanities of life after a series of experiences since our departure from Nanking only a few days before—shelling, bombing, machine-gunning, and hiding in swamps like hunted animals—which few of us are likely to forget.

Amid the memories of suffering, exposure, and strain, it is pleasant to recall the courage of the Panay's commander, Captain J. J. Hughes, of the executive officer, Lieutenant A. F. Anders, both of whom were badly wounded, of Dr. Grazier, of the American assistant military attaché, Captain Roberts, who took charge of the party ashore, and of the First Secretary of the United States Embassy at Nanking, Mr. George Atcheson, all of whom set an example which inspired the whole party. The wounded bore their sufferings with great fortitude, in spite of the long hours of exposure in

TERROR IN NANKING

LOOTING AND MURDER

THE CONQUERORS' BRUTALITY

From Our Special Correspondent

SHANGHAI, Dec. 17

Foreign eye-witnesses whom I interviewed while passing through Nanking, described to me the looting and fall of the city.

On Friday, December 10, the Japanese aircraft were engaged in bombing and machine-gunning the Chinese troops moving through the city for the defence of the walls where the heaviest fighting was proceeding. During the night the shelling was continuous and the city shook with the explosions of many heavy projectiles. The Japanese appeared to be trying to break through but without success. The shelling was most intense on the Saturday, when about 30 civilians were killed by 10 shells which fell in the safety zone, into which refugees were pouring from all directions. That day the Chinese troops began looting.

Saturday night was comparatively quiet, but on Sunday afternoon the bombardment became tremendous. Chinese artillery and other positions were shelled, captive balloons spotting for the Japanese gunners. Only a few shells, however, landed in the safety zone.

PANIC SETS IN

Sunday evening saw the first signs of the Chinese collapse, when a whole division began streaming towards the River Gate. They were fired on and stopped, and later it was learned that a general retreat had been ordered for 9 o'clock. The movement towards the gate leading to the Hsiakwan river-front, the only way of escape, was orderly at first, but it soon became clear that the Chinese defence of the southern gates had broken down, and that the Japanese were making their way northward through the city. The noise reached its climax in the early evening, by which time the southernmost part of the city was burning furiously. The retreat became a rout, the Chinese troops casting away their arms in panic when they found little or no transport to get them across the river. Many frantically re-entered the city and some burst into the safety zone.

While retreating the Chinese fired the Ministry of Communications, the most ornate building in Nanking, built at a cost of £250,000, and as it was filled with munitions the explosions caused a tremendous racket. The resulting panic caused a traffic jam along the line of retirement and added to the confusion arising from the discovery that the supply of boats was exhausted. The Ministry

THE RISING TIBER

FAMOUS BRIDGE IN DANGER

MANY THOUSANDS HOMELESS

From Our Own Correspondent

ROME, Dec. 17

During the last 24 hours, as the result of further heavy rain, the flood-waters of the Tiber have become a serious menace. Yesterday, according to information from up-river, the flood level in Rome should have begun to fall at 10 p.m. Instead of this the level rose more than 7in. during the night. By 10 o'clock this morning it had reached 54.9ft. above the normal, only 9.8in. below the maximum reached during the serious floods of 1900, when part of the embankment collapsed. This evening the level was reported to be 55.09ft. Rain has been falling steadily throughout the day and had not ceased late this evening.

Since yesterday large areas adjoining the river both to north and south of the city have been under water, and hundreds of houses have had to be evacuated. In some cases the inhabitants had to be rescued in boats. Two hundred dogs were saved from a dogs' home which had been isolated. Thousands of persons have been rendered homeless. The Governorate of Rome has had to improvise temporary shelters and set up canteens and soup kitchens to feed the sufferers. Over 650 gallons of milk were distributed this morning by the relief centres.

BRIDGES IN DANGER

The Tiber within the city is an impressive sight. Its turbid waters race along only 6ft. or so below the level of the pavement of the embankments, carrying flotsam of all sorts from up-river. Yesterday evening the five arches of the historic Ponte Molle or Milvian Bridge, the central arches of which date from 109 B.C., disappeared from sight, and this afternoon two towers at either end and the stone coping joining them were all that showed above the water. A large area at either end of the bridge is flooded to a depth of over 6ft. Traffic over it has been stopped for several days already and great anxiety is now felt as to whether it will stand the weight of water, as parts of the bridge have already shown signs of giving way. Crowds have been watching it all day. This evening a powerful searchlight has been trained on the old structure and military engineers are to remain on the spot throughout the night.

The arches of the Ponte Sant'Angelo also disappeared to-day, and under most of the other bridges the water rises nearly to the top of the arches. Traffic over the two bridges which communicate with the island of Santa Bartolomeo, opposite the Capitol, has had to be stopped, as the ground floors of the houses on the island are under water. Traffic over the Sublician and Nomentana bridges has likewise been stopped, as the area at both ends of them is under water. North of Rome

COOPERATION IN SHIPPING

AGREEMENT AMONG THE NATIONS

A meeting of the constituents of the International Shipping Conference was held yesterday at the Chamber of Shipping, London, to consider the future of cooperation. Besides the British representatives there were present delegates from the shipping industries in the following countries:—Denmark, Estonia, Finland, France, Germany, Greece, Yugoslavia, Netherlands, Norway, Spain, and Sweden.

The meeting was opened by Sir Richard Holt, the president of the Chamber, who said that the year 1937 had been a boom year and the improvement reached a peak in September. Since then there had been a sharp decline, and all the qualities that contributed to the success of cooperation in 1935 and onwards would be needed to preserve and make it effective in future. On the proposal of the President Mr. R. March Turnbull then took the chair.

A resolution in the following terms was unanimously adopted, which assures the maintenance of international cooperation in the shipping industry:—

"This meeting of the International Shipping Conference fully representative of tramp and liner shipping in all the countries concerned:—

"1. Unanimously accepts the principle of continued international cooperation in the shipping industry.

"2. Approves the Scheme of Voluntary Cooperation adopted by British tramp shipowners on October 20, 1937, as interpreted by the explanatory memorandum submitted to the meeting as a basis of international cooperation subject to further consideration where necessary of points of detail, it being understood that no country is bound to agree to the extension of cooperation to trades not at present regulated.

"3. Is prepared to recommend the national association in each country to take appropriate steps to make such cooperation effective in a form agreeable to each nation concerned, so that if any breach of cooperation should take place the national association concerned could deal decisively with it itself.

"4. Authorizes the appointment of a consultative committee representative of each country concerned and including the members of the Tramp Shipping Administrative Committee with functions as outlined in the note before the meeting.

"5. In the meantime undertakes on behalf of the respective associations to continue full cooperation in the three existing market schemes."

Other countries which were not represented at the meeting, including Belgium, Canada, Italy, and Poland, sent expressions indicating general willingness to continue cooperation.

Comment on the decisions is made in our City columns.

THE ARMY COUNCIL

LORD GORT'S APPOINTMENT FROM DECEMBER 6

It was announced in the *London Gazette* last night that the King, by Letters Patent dated December 6, had appointed the following to be his Majesty's Army Council:—

Honorary Colonel the Right Honourable Leslie Hore-Belisha—President.

Captain Donald Sterling Palmer Baron Strathcona and Mount Royal—Vice-President.

Major-General (local Lieutenant-General) John Standish Surtees Prendergast Viscount

REGISTRATION OF ARCHITECTS

BILL PASSED BY THE COMMONS

TWO YEARS' SAFEGUARD

WESTMINSTER, Friday

After a lively debate the House of Commons to-day gave a second reading by a big majority to the Architects Registration Bill, which aims at restricting the use of the name architect to those of the profession who are registered or who register within two years.

The Bill was introduced by Mr. Lovat-Fraser, and he and members of all parties who supported it explained that the purpose behind it was to protect the public against unqualified practitioners who may at present freely call themselves architects. It was pointed out that architectural organizations with a combined membership of 14,000 were in favour of the Bill and that these represented the bulk of the profession. To safeguard practising architects the Bill proposed to extend by two years the period in which applications might be made for registration.

Powerful support was given to the Bill from the Labour benches by Mr. George Hicks, president of the National Federation of Building Trade Operatives, who made a strong plea for the raising of building standards by requiring a proper degree of competence in architects.

The rejection of the Bill was moved by Sir Robert Tasker, who argued that this was a boycotting measure engineered by a small group in the Royal Institute of British Architects. What it all meant was that a man must be a registered architect to-day and a member of the R.I.B.A. to-morrow.

NO CLASS BAR

Mr. McEntee, from the Labour side, seconded the rejection, and the interruptions which his speech provoked showed that Labour members were at much divided as other parties on the merits of the Bill. Mr. McEntee had no special objection to registration but he disliked the Bill because he, too, thought that it would erect a bar against architectural candidates from working-class homes. Mr. Bossom, Mr. Ammon and others were at pains to rebut this argument, and they showed that a substantial proportion of the students now passing the R.I.B.A. examinations have qualified themselves by study at evening schools or in their own homes at a very modest cost.

Sir Arnold Wilson suggested that the R.I.B.A. were forcing the pace too much. They should have been content to protect the name "registered architect" and to invest it with the prestige that had been similarly achieved in other professions.

Mr. Geoffrey Lloyd, for the Govern

1937 年 12 月 18 日，英国《泰晤士报》刊登了南京大屠杀的消息南京大屠杀发生时，身处南京城内的5名西方记者中，有4名美国人，1名英国人。这位英国人就是见证南京大屠杀的唯一一位欧洲记者，名叫莱利斯·C.史密斯（Leslie C. Smith），路透社记者。由于1937年12月10日日军向南京发起总攻之前，出任安全区国际委员会委员的英国人的保罗·福勒（Paul Heitor Munro-Faure）、菲利普·希尔兹（Philip Robort Shields）、麦凯、利恩（D.J.Lean）均已撤离南京，史密斯也因此成为南京城内唯一一名英国人。

1937年12月15日，史密斯搭乘英国军舰“瓢虫”号撤离南京。抵达上海后，他发出了采自南京的电讯。由于当时路透社发表的关于南京的报道都没有署名，又鉴于当时在南京的英国记者只有史密斯一人，所以，我们推断路透社对南京大屠杀的报道应该出自史密斯之手，或者是以他的报道为基础而改写的。

12月18日，英国《泰晤士报》（*The Times*）在第12版刊登了题为“恐怖的南京：劫掠、屠杀　占领者残暴的行径”的报道，作者为“本报特约记者”。报道援引路透社的消息，叙述了“几位外国目击者”向这位“特约记者”描述的“南京城遭洗劫和陷落的情景”，时间跨度从12月10日至12月15日。

这是来自世界权威媒体的消息。路透社与泰晤士报，堪称英国媒体的代表。路透社（Reuters），英国人保罗·路透（Paul Julius Reuter）于1850年在德国亚琛创办，次年迁往英国伦敦，是世界上最早创办的通讯社之一，也是英国最大的通讯社和西方四大通讯社之一（另外三家是美联社、合众社、法新社）。1923年开创使用无线电在国际传播新闻的先例，素以快速的新闻报道被世界各地报刊广为采用而闻名于世。《泰晤士报》诞生于1785年元旦，是英国全国发行的综合性日报，其报社是英国第一家拥有驻外记者及派驻战地记者的。该报以“独立

12 THE TIMES SATURDAY DECEMBER 18 1937

AN EYE-WITNESS IN THE PANAY

DELIBERATE ATTACK BY AIR

SURVIVORS MACHINE-GUNNED IN SHIP'S BOAT

HEROISM OF AMERICAN SAILORS

Mr. C. M. McDonald, our Special Correspondent recently in Nanking, has now reached Shanghai, and sends a vivid account of the sinking of the American gunboat Panay by Japanese aeroplanes last Sunday.

Our Correspondent and Mr. Eric Mayell, of the British Movietone News, who made a film record of the bombing, were the only British subjects on board the vessel at the time.

The dispatch makes it clear that the Panay was repeatedly bombed from the air; that the crew, some of them wounded, were machine-gunned when they were escaping ashore in the ship's boats; and that, in spite of Japanese denials, the Panay was fired on from a motor launch and boarded by a party of soldiers.

Mr. Macdonald, who has been the only British newspaper correspondent in Nanking for the past month, has also sent a dispatch describing the scenes in the capital during the final Japanese attack, and the looting and wholesale executions by the conquerors after their entry.

THE FIRST BOMBS

GUNBOAT'S OFFICERS WOUNDED

From Our Special Correspondent

THE SHIP ABANDONED

THE RESCUE

TERROR IN NANKING

LOOTING AND MURDER

THE CONQUERORS' BRUTALITY

From Our Special Correspondent

PANIC SETS IN

THE RISING TIBER

FAMOUS BRIDGE IN DANGER

MANY THOUSANDS HOMELESS

From Our Own Correspondent

BRIDGES IN DANGER

COOPERATION IN SHIPPING

AGREEMENT AMONG THE NATIONS

THE ARMY COUNCIL

LORD GORT'S APPOINTMENT FROM DECEMBER 6

REGISTRATION OF ARCHITECTS

BILL PASSED BY THE COMMONS

TWO YEARS' SAFEGUARD

NO CLASS BAR

1937年12月18日，英国《泰晤士报》刊登了南京大屠杀的消息

地、客观地报道事实”、“报道发展中的历史”为宗旨，对全世界政治、经济、文化发挥着巨大的影响力。

《恐怖的南京》首先叙述日军攻占南京的过程，称中国军人和平民在日军炮火下死伤惨重：

> 12 月 10 日星期五那天，……夜晚，炮击未断，整个城市随着炮弹的爆炸而震撼。……星期六的炮击最激烈，落到安全区的 10 发炮弹炸死了约 30 名百姓。

接着，报道以“开始惊慌”为副题，叙述了 12 月 12 日南京城陷前夕，中国守军撤退混乱的场面：

> 傍晚时分，喧闹声达到顶点。与此同时，城市南端在熊熊燃烧。撤退变成溃逃。发现没有渡江的船只，中国军人慌乱之中把武器装备都丢弃了。狂乱中，许多人回到市区。

在南京大屠杀遇难者的构成中，约有 9 万余人是撤退失败的军人，他们放下武器，成为散兵，最终成为日军俘虏。由于日军在入城后大肆搜捕疑似中国军人，并

日军将放下武器的 1.5 万余名中国军人集中在幕府山一带，准备实施集体屠杀

违反自己 1929 年加入的《关于战俘待遇之日内瓦公约》关于“对战俘之报复措施应予禁止”的规定，下达了“杀掉全部俘虏”的命令，致使绝大多数没能撤出南京的中国士兵遭日军集体屠杀。《泰晤士报》对此以“残酷无情的搜索”为题报道称：

> 星期二（作者注：12 月 14 日），日军有计划地搜捕和中国军队稍有牵连的人。他们从难民营中抓出嫌疑者，并将许多中国军人困在街头，原本愿意投降的士兵被枪杀。

抢劫是日军屠城暴行的另一个侧面，凡日军看上的资产，无论国别，无论公私，无论轻重，大多沦为日军的“战利品”。所劫物品之多，忙到自己都搬不过来，一些中国人被迫为日军搬运赃物。史密斯关注这种疯狂的强盗行径，《泰晤士报》重点报道了日军抢劫外国资产的情况：

毫无仁慈怜悯，恐怖笼罩着一切。日军沿大街逐屋搜查，大规模掳掠财物，破店而入，抢劫钟表、餐具及一切能拿得走的东西，并胁迫苦力为他们挑运掠夺来的物品。他们闯入美国人办的金陵大学医院，抢走护士的手表、钢笔、电筒，搜查房屋，洗劫财产，抢走汽车，撕掉车上的美国国旗。他们闯入外国人的住宅，德国人的商店亦遭抢劫。

尽管留在南京的安全区国际委员会组成人员中没有英国人，史密斯仍给予安全区极高的评价，认为安全区为南京市民提供了最后的生存希望，在减少死亡与人道救助中发挥了重要作用。他指出：

1937 年 12 月 15 日，日军在南京中山路上装运劫来的财物

> 国际安全委员会应享有最崇高的荣誉。在炮击的全过程中，他们都保持着勇气，不顾个人安危，竭尽全力。……如果没有他们的努力，摧残和屠杀的规模还要大得多。

1938 年初，史密斯来到汉口，讲述了此前他在南京最后一周的经历。这次谈话的内容，题为“关于 1937 年 12 月 9 日至 15 日南京战事的报告”。德国外交官将其记录，并以德国新闻社的名义于 1938 年 1 月 6 日报告给柏林。

史密斯逐日叙述了1937年12月9日至15日发生在南京的情况，这正是日军向南京发起总攻与南京沦陷头三天的时刻，那是南京城最恐怖、最黑暗、最惨烈的一周。史密斯描述了12月12日上午中国军队在紫金山、城南及城北的防守战斗，战况非常惨烈：

> 我们可以观察到紫金山上的中国军队，他们处于日本军队猛烈的炮火之下，有两个热气球指引射击目标。无数炮弹击中了下面的山坡，那里由日本人燃起的大火迫使中国军队向山上转移。……约1000人奉令留守城南，他们勇敢地坚持巷战，直到午夜时分全部被歼灭。……北门前面恐慌的结果是堆起了约有一米高的士兵和平民尸体。据我估计，这里大约有1000人死于非命。

12月13日，日军第六师团从中华门攻入南京，先头部队在坦克的掩护下进城。由于在进攻时遭到中国守军的激励抵抗，这支日军给史密斯的印象是“十分疲惫”。但是，这些“疲惫”的日军在进城后的第二天，就带着“就地征发军需”的命令，隐藏所在部队标志，开始了疯狂的抢劫。日军的抢劫，不分地区，不分对象，无论商业

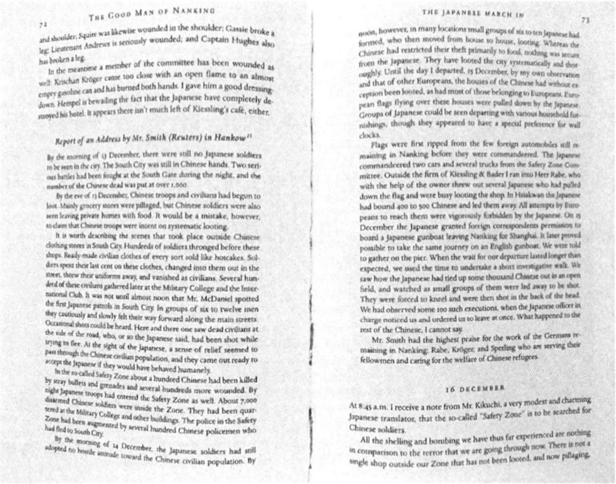

72 THE GOOD MAN OF NANKING

and shoulder; Squire was likewise wounded in the shoulder; Gassie broke a leg; Lieutenant Andrews is seriously wounded; and Captain Hughes also has broken a leg.

In the meantime a member of the committee has been wounded as well: Krischan Kröger came too close with an open flame to an almost empty gasoline can and has burned both hands. I gave him a good dressing-down. Hempel is bewailing the fact that the Japanese have completely destroyed his hotel. It appears there isn't much left of Kiessling's café, either.

Report of an Address by Mr. Smith (Reuters) in Hankow[11]

By the morning of 13 December, there were still no Japanese soldiers to be seen in the city. The South City was still in Chinese hands. Two serious battles had been fought at the South Gate during the night, and the number of the Chinese dead was put at over 1,000.

By the eve of 13 December, Chinese troops and civilians had begun to loot. Mainly grocery stores were pillaged, but Chinese soldiers were also seen leaving private homes with food. It would be a mistake, however, to claim that Chinese troops were intent on systematic looting.

It is worth describing the scenes that took place outside Chinese clothing stores in South City. Hundreds of soldiers thronged before these shops. Ready-made civilian clothes of every sort sold like hotcakes. Soldiers spent their last cent on these clothes, changed into them out in the street, threw their uniforms away, and vanished as civilians. Several hundred of these civilians gathered later at the Military College and the International Club. It was not until almost noon that Mr. McDaniel spotted the first Japanese patrols in South City. In groups of six to twelve men they cautiously and slowly felt their way forward along the main streets. Occasional shots could be heard. Here and there one saw dead civilians at the side of the road, who, or so the Japanese said, had been shot while trying to flee. At the sight of the Japanese, a sense of relief seemed to pass through the Chinese civilian population, and they came out ready to accept the Japanese if they would have behaved humanely.

In the so-called Safety Zone about a hundred Chinese had been killed by stray bullets and grenades and several hundreds more wounded. By night Japanese troops had entered the Safety Zone as well. About 7,000 disarmed Chinese soldiers were inside the Zone. They had been quartered at the Military College and other buildings. The police in the Safety Zone had been augmented by several hundred Chinese policemen who had fled to South City.

By the morning of 14 December, the Japanese soldiers had still adopted no hostile attitude toward the Chinese civilian population. By

THE JAPANESE MARCH IN 73

noon, however, in many locations small groups of six to ten Japanese had formed, who then moved from house to house, looting. Whereas the Chinese had restricted their theft primarily to food, nothing was secure from the Japanese. They have looted the city systematically and thoroughly. Until the day I departed, 15 December, by my own observation and that of other Europeans, the houses of the Chinese had without exception been looted, as had most of those belonging to Europeans. European flags flying over these houses were pulled down by the Japanese. Groups of Japanese could be seen departing with various household furnishings, though they appeared to have a special preference for wall clocks.

Flags were first ripped from the few foreign automobiles still remaining in Nanking before they were commandeered. The Japanese commandeered two cars and several trucks from the Safety Zone Committee. Outside the firm of Kiessling & Bader I ran into Herr Rabe, who with the help of the owner threw out several Japanese who had pulled down the flag and were busy looting the shop. In Hsiakwan the Japanese had bound 400 to 500 Chinese and led them away. All attempts by Europeans to reach them were vigorously forbidden by the Japanese. On 15 December the Japanese granted foreign correspondents permission to board a Japanese gunboat leaving Nanking for Shanghai. It later proved possible to take the same journey on an English gunboat. We were told to gather on the pier. When the wait for our departure lasted longer than expected, we used the time to undertake a short investigative walk. We saw how the Japanese had tied up some thousand Chinese out in an open field, and watched as small groups of them were led away to be shot. They were forced to kneel and were then shot in the back of the head. We had observed some 100 such executions, when the Japanese officer in charge noticed us and ordered us to leave at once. What happened to the rest of the Chinese, I cannot say.

Mr. Smith had the highest praise for the work of the Germans remaining in Nanking: Rabe, Kröger, and Sperling who are serving their fellowmen and caring for the welfare of Chinese refugees.

16 DECEMBER

At 8:45 a.m. I receive a note from Mr. Kikuchi, a very modest and charming Japanese translator, that the so-called "Safety Zone" is to be searched for Chinese soldiers.

All the shelling and bombing we have thus far experienced are nothing in comparison to the terror that we are going through now. There is not a single shop outside our Zone that has not been looted, and now pillaging,

《拉贝日记》中有关史密斯于 1938 年初汉口演讲的记录

区还是难免区，无论中国人还是西方人，被掠夺的财物都成为日军的“战利品”。史密斯详细叙述了日军在南京城内洗劫中外资产的行径：

许多地方组成了 6 至 10 人的日本小分队，取下了他们所在联队的标记，开始挨家挨户进行洗劫。‘他们洗劫了这个城市，有系统地一点不漏’，直到 12 月 15 日我离开的这一天。根据我自己和其他外国人的观察，中国人的房屋无一例外和欧洲人的房屋绝大部分都被日本人洗劫一空。飘扬在房屋上空的欧洲人的国旗都被日本人扯了下来。人们看见日本军人拿着各种家用物品离开，当时发现他们特别喜爱墙上的挂钟和那时外国人尚留在南京的汽车。汽车在被日本人劫走之前，车上的国旗都被撕掉了。……在鼓楼医院工作的女护士们被命令排队逐个搜身，结果拿走了她们交出来的手表、钢笔等物品。安全区约有5000名中国难民被命令集合排队，抢走了他们约180元钱。

除了日军的抢劫行径，史密斯也关注妇女的遭遇，指出许多女性被日军抓走后便杳无音信："许多年轻妇女从她们的家里被带走，人们不知道她们的情况如何，因为以后再也没有见到过她们。"

作为欧洲记者，史密斯关注德国人的命运。当时，留在南京的德国人中，最著名的是出任安全区国际委员会主席的德国西门子公司驻南京的经理约翰·拉贝。拉贝领导的安全区实现了以3.86平方公里的区域保护20余万难民的壮举，被人们称为"东方的辛德勒"，他写于南京大屠杀期间的日记成为后人了解南京大屠杀的十分重要的史料。此外，南京德国礼和洋行的工程师克里斯蒂安·克勒格尔（Christian Kroeger），担任国际红十

南京大屠杀期间，拉贝在边打电话边做记录的情景

字会南京委员会司库，拍摄了多张日军在太平路、中华路、水西门等地洗劫与纵火的照片。在德国人开设的中山东路起士林点心店门前，史密斯遇到了拉贝先生，记录了拉贝帮助这家点心店老板阻止日军闯入店里抢劫的情形："他在那里帮助点心店老板把扯下的德国国旗重新挂上，并将洗劫商店的好几个日本人赶了出去。"

在德国外交官发给柏林外交部的电文中，总结了史密斯对德国人的评价，认为史密斯对留守南京的德国人是高度赞扬的：

史密斯先生高度赞扬留在南京的德国人拉贝、克勒格尔和施佩林为中国难民们所做的仁爱和关怀工作。他以赞赏的口吻说他们不顾自己的安危，拯救了许多人的生命。

12月15日，是史密斯在南京的最后一天。这一天，他与其他三位西方记者一起，集合在栈桥旁等待上船。在出发前，史密斯利用等待的空闲时间，对南京的江边做了最后一次巡视，看到了中国人被日军分批处死在江边的场景：

> 我们看到日本人让上千名被捆绑着的中国人站在一块空地上，他们被一小批一小批地带走，用枪打死。他们被迫跪在地上，日军对着他们的后脑上开一枪。我们观看了约有100起这样的处决。当时有个日本高级军官发觉了这情况，就要求我们立即离开。对余下的那些人处置的情况我们就不得而知了。

这是史密斯记者写下的他最后见到的日军屠杀暴行，日军像杀人机器一般，一批接一批地处决中国人，犹如流水作业。日军最不愿意看到是正是西方记者将他们在南京大肆屠杀、抢劫、强奸等暴行报道出去。每当有外国记者看到日军施暴时，日军官兵就会上前阻止。史密斯在这种危险的情境下，临走前仍不忘对南京进行最后一次观察，记录下日军在江边对中国人的集体屠杀。这些文字，在80年后读来仍然令人悚然，若身临其境，观察记录，真实报道，又需要多大的勇气与坚守！从目前可查阅到的史密斯报道南京大屠杀的资料而言，不及德丁与斯蒂尔丰富，但我们仍然可以感受到这位留在南京的唯一一位欧洲记者，用自己的视角，记录下日军屠城与洗劫的暴行，赞赏欧洲人保护南京难民的人道工作。

离开南京后，史密斯在上海、汉口等地采访报道，继续关注中国战场。1941年12月珍珠港事件之后，史密斯出任英国驻华使馆一等秘书，负责新闻工作。战后，他担任《星期日泰晤士报》（*Sunday Times*）驻中国记者，在上海采访报道。该报是英国的一份于每周日出刊的报纸，主要报道时事、政治、商业、体育、娱乐、金融等方面新闻评论，被誉为“英国社会的忠实记录者”，具有全球范围的影响力。1949年解放军占领上海之前，史密斯前往香港，创立并主持英国的东南亚新闻中心。

20世纪70年代初，史密斯退休，到台湾居住生活。

查尔斯·麦克丹尼尔：
最后一个撤离南京的西方记者

Chicago Daily Tribune (1872-1963); Dec 18, 1937; ProQuest Historical Newspapers Chicago Tribune (1849 - 1986) pg. 8

CHICAGO DAILY TRIBUNE: SATURDAY, DECEMBER 18, 1937.

Moving Forward

CONTRASTS IN COMMERCE

U. S. NAVY GETS MOVIES OF JAP ATTACK ON PANAY

Pictures Show Ship Fired On with Machine Guns.

Nanking Horror Described in Diary of War Reporter

BY C. YATES M'DANIEL

Tokio Plans New Panay Quiz; Holds Up Reply to U. S. Note

CHINESE, BRITISH, AND JAP ENVOYS MINGLE AT PARTY

COLOSIMO'S

BABY LOBSTER

Gift Book Values

GOLDBLATT

STATE ST. STORE ONLY

It's the ONE

VICKS COUGH DROP

RESORTS AND TRAVEL

Europe Round Trip

DIAMOND RINGS

AN IDEAL XMAS GIFT

LEBOLT & COMPANY

Bailey's Gift Values

GIVE RIDING NEEDS

GIVE SKI & SPORTS WEAR

GIVE THINGS TO WEAR

Choose from Thousands of Gifts

BAILEY'S

Calvert PRESENTS... A TIP TO CHRISTMAS SHOPPERS!

CLEAR HEADS

[CLEAR HEADED BUYERS]

CALL FOR

Calvert

WHISKIES

1937 年 12 月 18 日，《芝加哥每日论坛报》刊登的麦克丹尼尔报道南京大屠杀的消息查尔斯·叶兹·麦克丹尼尔（Charles Yates McDaniel），是一位出生在中国的美国记者。1907年，麦克丹尼尔出生于苏州，后前往美国弗吉尼亚州里士满市，毕业于里士满大学。之后，又获得北卡罗来纳大学硕士学位。1935年，他加入美联社，成为全美最大通讯社的一名记者。出生于中国的麦克丹尼尔，毕业后又回到中国工作和生活，1937年12月南京大屠杀发生时，他留在南京报道战事。与见证日军南京大屠杀暴行的其他四位西方记者相比，其主要的特点有两个：一是能讲一口汉语，二是最后一个撤离南京的西方记者。

1937年12月15日，斯蒂尔、德丁、孟肯、史密斯四位西方记者乘坐美英军舰撤离南京，前往上海。而麦克丹尼尔则于第二天，即12月16日，乘坐日军驱逐舰“津贺”（Tsuga）号离开南京，目的地也是上海，于12月17日抵达。一到上海，麦克丹尼尔就立即发出专电《战地记者的日记描绘恐怖的南京》，这篇报道于12月18日刊登在《芝加哥每日论坛报》（The Chicago Tribune Daily）第8版上，这也是他报道南京大屠杀的最重要的一篇报道。该报道以日记的形式，逐日记载了1937年12月5日至12月16日期间每天发生在南京的事情。在报道的开头，报社加了一段编者按，强调报道是身处南

Chicago Daily Tribune (1872-1963); Dec 18, 1937; ProQuest Historical Newspapers Chicago Tribune (1849 - 1986) pg. 8

CHICAGO DAILY TRIBUNE: SATURDAY, DECEMBER 18, 1937.

Moving Forward

CONTRASTS IN COMMERCE

U. S. NAVY GETS MOVIES OF JAP ATTACK ON PANAY

Pictures Show Ship Fired On with Machine Guns.

Nanking Horror Described in Diary of War Reporter

Tokio Plans New Panay Quiz; Holds Up Reply to U. S. Note

CHINESE, BRITISH, AND JAP ENVOYS MINGLE AT PARTY

Gift Book Values

GOLDBLATT

A TIP TO CHRISTMAS SHOPPERS!

Bailey's Gift Values

GIVE RIDING NEEDS

GIVE SKI & SPORTS WEAR

GIVE THINGS TO WEAR

DIAMOND RINGS AN IDEAL XMAS GIFT

LEBOLT & COMPANY

CLEAR HEADS (CLEAR HEADED BUYERS) CALL FOR Calvert WHISKIES

1937 年 12 月 18 日，《芝加哥每日论坛报》刊登的麦克丹尼尔报道南京大屠杀的消息

京的记者所写，新闻来源是记者亲历见证的第一手资料：“编者按：麦克丹尼尔是美联社记者，会说汉语，日军攻占中国首都时他身陷南京。这是他在危险、动荡不安

“帕奈”号沉没时的情景

的日子里记下的日记。”

1937 年 12 月 6 日，麦克丹尼尔拒绝了“帕奈”号船长詹姆斯·休斯(James Joseph Hughes)登舰避险的邀请。五天后，“帕奈”被日军蓄意击沉，尽管选择留守南京的麦克丹尼尔躲过了一劫，但这并不意味着他从此人身安全。相反，他陷入了中日激烈交战的炮火包围中，数次从枪林弹雨的险境中逃脱，经历了惊心动魄的一周。

12 月 5 日，我开车到南京城以东地区采访战事的发展。……一发炮弹在车前方 200 码处爆炸，并将我的车子掀了起来。

12月7日，日机俯冲时我不得不在乡村的屋子后面躲一躲。驶经汤山温泉时，突然发现自己处于无人的区域，双方的炮弹在头顶上呼啸。迅速把车倒出来，当时离日军炮兵阵地只有300码远。

12月9日，我钻进防空洞，再把头探出来时，看见十来个被炸死或痛苦蜷缩的士兵。

12月10日，已处在日军炮火射程之内时，弹片四处飞溅，我不得不离开。

日军从围城到攻城，局势一天比一天紧张，直至战火燃遍全城。为获取一线战况，麦克丹尼尔驱车穿梭于火线之下，数次遇险，但从无畏惧，勇往直前，直至“开车穿越了离南京城28英里远的日军防线”，直逼中日两军对峙的最前沿。

12月12日，日军即将攻入城内，南京城濒临沦陷，弹片、尸体、鲜血、烈火，充斥了整个黑夜。英国记者史密斯在报道中写道：“麦克丹尼尔先生将近中午时分才在城南见到第一批日本巡逻队，他们6至12人一队，小心而缓慢地试探着向前走去。”麦克丹尼尔目睹了南

日军第六师团从中华门向南京进攻

京城破的一刻，自己也受到日军的威胁，在一堆尸体中快速行进。

12 月 13 日，在城北城墙附近，突然看到日军从城墙的缺口爬上来。日本兵举着枪向我冲来时，我举双手，从车子里出来。经日军同意，我爬过残破的城门，穿行在布满中国军人尸体的街上。

12 月 14 日，沿着横陈着人、马尸体的街道走到北门，见到第一辆日本车子驶进城门，车轮在碾碎的尸体上打滑。

在满路布满尸体的恐怖中，麦克丹尼尔看到了一幕日军变态的暴行，他称之为日军的“恶作剧”：“见到日军的恶作剧——被砍下的头颅放在路障上，嘴里放了块饼干，另一个嘴里插了支长长的中国烟斗。”

值得一提的是，麦克丹尼尔笔下的这一幕日军暴行，有当时的照片为证。1938 年 1 月 10 日出版的美国《生活》（*Life*）杂志，以半个版面刊载了一张照片，显示日军将砍下的中国人头颅架在路障上，并在死者的嘴里塞了一支烟。这充分证明，麦克丹尼尔的记载是真实可信的，在深陷恐怖的惊悚中，他捕捉到了日军的“恶作剧”，

1938 年 1 月 10 日，美国《生活》杂志刊登了一幅被日军砍下的中国人头颅的照片

留下了日军暴行的代表性一幕。从这一“恶作剧”式的变态暴行，我们可以窥见日军屠城之惨烈。

南京大屠杀发生时，美国牧师约翰·马吉用教会给他日常拍摄使用的16毫米摄影机秘密拍摄了现场情景，成为后人了解南京大屠杀真相十分重要的视频资料。在影片的解说词中，有这样一段话：“处决后的中国士兵被日本人扔进水塘。之所以判定其为处决，是因为受害者被反绑着。这很典型，因为日本人处决数万名中国士兵和平民时用的都是此种方式。”这种典型的屠杀方式，也被麦克丹尼尔目睹，在他的报道中也有相同情形的记载：

> 今天下午，看见几位我协助解除武装的士兵被拉出屋去枪毙，再踢进沟里。夜里，看到500名老百姓和解除武装的军人的手被捆绑着，由手持中国大刀的日本兵从安全区押出来。没有人活着回来。

面对孤立无援的中国人，麦克丹尼尔想要竭力帮助他们。他进入美国大使馆避险，看到使馆里的中国工作人员已陷入绝境。他陪同使馆的仆役外出寻找母亲，发现仆役的母亲已被日军杀死。他阻挡日军闯入使馆，尽力保护使馆的安全。使馆断水断电，他“花了一小时到

被俘的中国军人被日军反绑双臂枪杀后掷入池中

街上的井里打了好几桶水拎回使馆来”。一同在南京共事的美国摄影记者孟肯，报道了麦克丹尼尔在美国大使馆救护中国人的事迹：

> 为了确保美国使馆门卫不会因携带武器而遭杀害，麦克丹尼尔除去他的手枪，并让他待在使馆里面。这也许救了他的命。中国男子只要被发现有在军队服役的痕迹，即被押到一起处决。

麦克丹尼尔想救更多的中国人，但是时间已不允许。

他比其他西方记者多停留了一天，于12月16日登上了前往上海的日本军舰“津贺”号，离开了那一片危险、动荡、恐怖的土地。从此，南京城再无第三国记者，唯有日本媒体肆意鼓吹南京“祥和”的报道。送别麦克丹尼尔的，是满城的累累尸体，以及中国人对他的最后哀求。

去江边的路上，见到街上的尸体又多了许多。路上遇到一列中国人，手都被捆绑着。一个人跑出来，到我跟前双膝跪下，求我救他一命。我无能为力。我对南京最后的记忆是：死难的中国人，死难的中国人，还是死难的中国人。

多么令人心酸的文字，多么无可奈何的心情，多么无助无援的场景。一位勇敢、敬业、善良的记者，成了一名有心无力的“救人者”，在凄惨的情景中顺江离去，结束了在南京的报道工作，同时也带给他向外界发出新闻稿的机会。他根据亲历亲见而写下的新闻，为当时的人们了解南京真相提供了即时讯息，也为后人留下十分珍贵的第一手见闻。

在上海停留一段时间后，麦克丹尼尔前往东南亚报道战事。太平洋战争爆发后，日军侵略东南亚。1942年

1月31日，日军占领整个马来半岛，随后攻向新加坡。1942年2月15日农历新年当日，新加坡海峡殖民地政府向日军投降，新加坡开始进入日治时期。在日军攻占新加坡前夕，麦克丹尼尔又一次成为最后离城的西方记者。战后，他担任美联社底特律站站长。1949年，他被调往华盛顿，直至1971年退休。麦克丹尼尔在美联社供职36年，可谓资深老记者。而他早年在南京的任职经历，无疑是他职业生涯中十分重要的一笔。

1983年3月14日，麦克丹尼尔在佛罗里达州逝世，享年76岁。

南京铭记他们

南京受降仪式会场全景，礼堂中央为中国代表席

匈牙利著名战地记者罗伯特·卡帕（Robert Capa）有句名言："如果你无法阻止战争，那就把战争的真相告诉世界。"这句话，道出了许多战地记者的心声。战地记者，是指专门从事战地新闻采访与报道的记者，既有随军记者，也有独立记者，后者的报道更能体现新闻的本质特征。

日军"威风凛凛"地占领当年的中国首都南京后，并没有打算把"战果"宣扬出去，反而有计划地对南京实施了严密的新闻封锁，严禁中外人士进出南京，中断南京与外界的电讯联系，切断中外记者的新闻来源，实行严格的新闻审查。1937 年 12 月 12 日，美国军舰"帕奈"号被日军飞机击沉后不久，日本官方就在报纸上刊登了一篇声明，声称日军当局将采取步骤禁止驻华的外国记者将有损日本陆军、海军形象的

礼和洋行的工程师克勒格尔，他拍摄了很多日军纵火焚毁南京的照片

新闻报道发往国外的报社。南京城顿时消息闭塞，成为一座信息孤岛，这种现象持续到了 1938 年 1 月下旬。1938 年 1 月 13 日，回到南京的德国外交官保罗·沙尔芬贝格（Paul Schar-ffenberg）在一份报告中称：“南京已经不通电报，不通邮件，不通电话，街上也看不到汽车、出租车和人力车。”日军占领当局，欲将南京变成一座孤立、隔绝、封闭的城市，唯有日本媒体发出的“南京获得新生”，“南京一片祥和”，“南京人民喜迎解放、感激皇军恩德”的虚假宣传。斯蒂尔、德丁、孟肯、史密斯、麦克丹尼尔这五位英美独立战地记者的客观报道，与日军随军记者掀起了一场围绕南京大屠杀的不见硝烟的舆论战争。

战后，日本右翼势力逐渐活跃起来，成为日本政界和社会上一股不可小觑的势力，频频抛出否定或淡化南京大屠杀的言论，严重误导日本国民和世界舆论。曾担任日本甲级战犯、南京大屠杀案主犯松井石根大将秘书的田中正明在其著作《“南京大屠杀”之虚构》一书中称：

> 在东京审判即将开始之前，没有任何人报道过有关日军在南京有组织、有计划地屠杀 10 万、20 万或者 30 万人的所谓大屠杀的消息。松井大将回

到上海后，中国报纸不言而喻，一些主要英文报纸、法国和德国报纸，他每天也都要浏览，并未见到有关南京暴行事件的报道。另外，他在《狱中日记》中追述："在上海举行了两次有外国记者参加的记者招待会，记者团并没有向我提出有关'大屠杀'的问题。"

日本右翼评论家村上兵卫声称："当时在南京的各国新闻记者、摄影记者有150人，但没有一人见到或者是听说过这件事，最高指挥官松井石根大将在几次会见欧美记者中也未遇到关于这件事的质问。"

在日本右翼势力的观点里，南京大屠杀从来不曾出现在战时的媒体报道中，即使有，他们也以"反日分子"的"捏造"为由拒绝承认。这种背离事实、蛊惑人心的谬论，显然是根本站不住脚的。历史，是讲究证据的社会科学，一切伪证和断章取义的行为，最终只会搬起石头砸自己的脚。南京大屠杀发生的当年，来自美国和英国的五位西方记者勇于突破日军的新闻封锁，撰写并发出了许多有关日军空袭南京、进攻南京、在南京酿造惨案的新闻通讯，并通过权威媒体将南京大屠杀的真相向全世界传递，这些旧新闻至今仍然完好地保存在美国、

遭日军杀害的中国人尸体堆积在长江岸边

英国等国家的档案馆和图书馆里，供人们查阅。五位西方记者所编发的鲜明而生动的真相报道，给了歪曲历史事实的日本右翼团体一记响亮的耳光！

新闻，是用简明准确的文字记述新近发生的事情，真实性与时效性是其最重要的特征。而在腥风血雨的南京，谁在胡话连篇，谁在传播真相？“事实就是事实，公理就是公理。”任何虚假宣传，终究不过是小丑的角色，在真相面前一戳即破。战地记者所作的报道被称为战地报道，是他们根据亲身经历和见闻写成的现场报道，比一般的战争新闻更直观、更生动，读来让人身临其境。南京大屠杀发生期间，留守南京的五位西方记者无疑属于独立的战地记者，他们为世人呈现了有关日军空袭南京、南京保卫战以及南京大屠杀的连贯的第一手讯息，留下了十分珍贵的南京大屠杀新闻资料。他们的事迹，值得后人铭记。

南京铭记他们对真相的报道与传播。真相，是新闻的灵魂。五位西方记者，以目睹的现场为素材，以亲历的过程为脉络，以亲身的感受为基调，及时、客观地将现场情况报道出去，是南京大屠杀的历史证人。他们分别来自美联社、路透社、纽约时报等世界各大主流媒体，他们的报道在全球范围内传播，在第一时间把南京的真相带给世界读者，使日军封锁消息的计划破产。他们留下的新闻报道，成为驳斥日本右翼否定南京大屠杀的有力证据。他们记录与传播南京大屠杀真相的历史贡献，南京不会忘记。

南京铭记他们对正义的坚守与捍卫。正义，是新闻的风骨。五位西方记者，不惧日军威胁，不受利益诱惑，坚持独立自由，尊重事实，忠于良知。正是由于他们从现场发出的报道，人们才能了解南京的真相，感受战争的残酷，也让后人更深刻地体会到和平的弥足珍贵。他们揭露日军屠城的种种暴行，肯定中国军队英勇抗敌的顽强精神，赞赏外籍人士在安全区开展人道主义救援所发挥的巨大作用。他们的报道，感染读者，震撼人心。

南京安全区国际委员会部分成员合影左起为：福斯特、米尔士、拉贝、史迈士、施佩林、费奇

这种是非分明的正义感与使命感，南京不会忘记。

南京铭记他们对敬业的追求与执着。敬业，是记者的品质。五位西方记者，为了获取最真实、最直接的消息，逆流南下，穿越火线。枪林弹雨的南京，成为他们的生死场，冷枪的袭击，地雷的爆炸，散兵的拦截，残垣断壁的坍塌，都会让他们脆弱的生命瞬间消亡，让鲜血画上他们最后一篇报道的句号。但他们义无反顾地选择来到中国守军身边，来到南京民众身边，数次与死神擦肩而过，成为一名没有枪的战斗者。只有一线的记者，才能发出一线的报道。这种为追求真相而深入一线艰苦报道的敬业精神，南京不会忘记。

见证南京大屠杀的五位西方记者，凭着丰富的经验与敏锐的职业眼光，毅然把日军南京大屠杀的暴行报道出去。随着中国抗战的持续，越来越多的西方记者看清了日军的真面目，将目光投向中国战场，为中国人民抗日战争主持公道。通过他们的正义报道，欧美国家的公众舆论也日益摆脱日本当局精心设置的骗局，走向历史的真实。

有人曾将战地记者形象地定义为“当别人争先恐后地逃出某地时却拼命往里面钻的人”，“是冒着生命危险替别人‘看热闹’的人”。见证南京大屠杀的五位西

南京受降仪式会场全景，礼堂中央为中国代表席

方记者，其所遭受的危险，所面临的困境，所经历的磨难，所承受的压力，无疑是巨大的。因为这些艰难险阻，以及客观条件的恶劣与限制，他们多是对某一区域或某一角落作目击报道，不可能对南京大屠杀的遇难人数有精确的统计，不可能与后期调查研究后得出的南京大屠杀全貌完全一致，但这并不能否定西方记者早期报道的巨大价值，我们不能拿后期历史研究的成果去苛责当事人的现场记录。相反，五位西方记者对南京大屠杀的共同见证，为后人加深南京大屠杀历史研究提供了十分重

要的第一手史料，他们的报道与安全区外籍人士的记载、西方外交官与海军军官的记录等文献，共同组成了南京大屠杀史第三方资料。第三方史料具有较强的客观性与说服力，是佐证南京大屠杀史的“过硬”的铁证，值得我们去阅读与思考。

今天的历史，就是昨天的新闻。五位西方记者，在日军攻城与屠城的枪林弹雨中，临危不惧，深入一线，目睹了侵华日军实施屠杀、抢劫、强奸、焚毁等残暴行径，钦佩中国军队守卫家园的英勇战斗，同情南京市民家破人亡的悲惨遭遇，赞赏西方人士设立安全区救援难民的人道精神和无畏义举，留下了十分丰富的新闻报道。他们是当之无愧的新闻战士！

请记住这五位西方记者的名字：阿契包德·斯蒂尔、弗兰克·德丁、阿瑟·孟肯、莱利斯·史密斯、查尔斯·麦克丹尼尔，他们的名字将与真相、正义、敬业、人道、文明、良知连在一起。

南京不会忘记！中国不会忘记！

主要参考资料 MAIN REFERENCES

1. 张宪文主编，张生编：《南京大屠杀史料集》，江苏人民出版社、凤凰出版社 2005 年版。

2. 张宪文主编，杨夏鸣、张生编：《南京大屠杀史料集》，江苏人民出版社、凤凰出版社 2007 年版。

3.[德]拉贝：《拉贝日记》，江苏人民出版社 2009 年版。

4. 张宪文、吕晶编：《见证与记录：南京大屠杀史料精选·西方史料》，江苏人民出版社 2014 年版。

5.[美]魏特琳：《魏特琳日记》，江苏人民出版社 2015 年版。

6. 陆束屏编译：《南京大屠杀·英美人士的目击报道》，红旗出版社 1999 年版。

7. 经盛鸿：《西方新闻传媒视野中的南京大屠杀》（上、下），南京出版社 2009 年版。

8. 张宪文主编：《南京大屠杀全史》，南京大学出版社 2012 年版。

9. 张生：《南京大屠杀史研究》：凤凰出版社 2012 年版。

10. 孙宅巍：《南京保卫战史》，南京出版社 2014 年版。